色でよみとく心理学

本当の性格がわかる

未来が変わる

ポーポー・ポロダクション

日本文芸社

JN206290

はじめに

ポーポー・ポロダクションから読者のみなさまに

ポーポー・ポロダクションは心理学や色彩心理を使い、企業のコンサルティングやコンテンツをつくる企画事務所です。脳科学、行動経済学、ゲーム理論など複数の学問を横断的に使い、不思議に思える現象や人の行動の「なぜ」を大事にし、そのメカニズムを論理的に解説することを得意としています。

色には人を動かす強い効果があるのですが、その効果はなかなか知られていません。色の研究は、世界中で多くの研究者によって、学術的な場所よりも企業内で活発におこなわれています。色彩心理に関する知見の多くは企業が保有しているので、なかなか表に出てこない学問でもあります。それは色の効果は商業と強く結びつき、企業の売上にも大きく影響を与えるからです。

色彩心理の研究分野のひとつに「色の好みと性格の関係」があります。世界中から集めたデータをもとに、ポーポー・ポロダクションがおこなってきた長年の研究データを加え、２０１８年に『色と性格の心理学』（日本文芸社刊）を出版しました。大変多くの方から「まるで心のなかを見透かされているよう」と驚きと高い評価をいただきました。自分のことを知り、他者を知るきっかけにつながる本として、発売後、数年が経っても増刷を続けるロングセラーになりました。ありがとうございます。

本書は『色と性格の心理学』で解説したことのさらに先、より詳しい色の好みと性格の関係をまとめたものです。続編としても読んでいただけますし、この本から読んでいただいても問題ありません。

本書では、好きな色を通して自分の性格傾向がわかり、さらに1色だけでなく「2番目に好きな色」も読み解くことで、より詳しい「自分の性格」「本当の自分」が見えてきます。

また、「今、気になる色」から「ほしいもの」や「願望」がわかります。

そして、少し大きな話になるかもしれませんが、多くの人が苦しんでいる「生きる意味」といったものを考えるヒントにつなげていきたいと思います。読んだ方の心が少し軽くなるような本を目指しています。

色を通して自分のことを知りたい方、色に興味がある方には、まちがいなくおもしろい本になっているはずです。

では色の力を利用して、自分の内面をより深く見つめていきましょう。きっと本当の自分が見えてくるはずです。

Prologue

こんにちは、ぼくはイロップイヤー。
優秀な色神《しきがみ》執事《しつじ》だよ。羊じゃないよ、執事。
この本のナビゲーターだよ

困ったときには神様を頼って神社に行ったり、お正月には初詣に行ったりする人もいるよね。

でもどの神様でもいいわけじゃない。神様も万能ではないんだ。

「学問の神様」「出世の神様」「知恵の神様」に「恋愛の神様」もいらっしゃる。それぞれ得意な分野、いわば担当が違うんだ。担当外の神様にお願いしても、成就しにくいんだよね。

そして色をつかさどる神様もいる。草の色、花の色、空の色、みんなが着ている服の色も、色の神様であるイロガミサマによってつくられ、人はその色に大きな影響を受けて生きているんだよ。

厳密には色は人の脳がつくっているから、イロガミサマはその色を「見せている」というほうが正しいかな。つまり、心で見ている。

だから、楽しいときに見る色は鮮やかで美しく見えるし、悲しいときに見る色は濁って見えるかもしれない。いつ見ても同じ明るさ、同じ輝きではないんだ。

それが色のおもしろいところでもあるよね。

色の神様、イロガミサマはふつうの人間には見えないから、優秀な執事であるぼくがいるんだ。

みんなは自分の意志でこの本を買ったり、借りたりして読んでいると思っているでしょう。

でも、それは違うんだ。必要な人に必要な情報が届くように、イロガミサマの命《めい》で、今、あなたと話をしている。

ぼくたちの出会いは必然なのさ。ま、運命の出会いというヤツだね。


さてさてじつは人の「性格」も「色」に強い影響を受けていることは知っているかな？

人の性格はバラバラ、好きな色もバラバラ。でも、「好きな色」と「性格」の間には強い関係があるんだ。「好きな色」を知れば、その人の「性格傾向」が見えてくる。

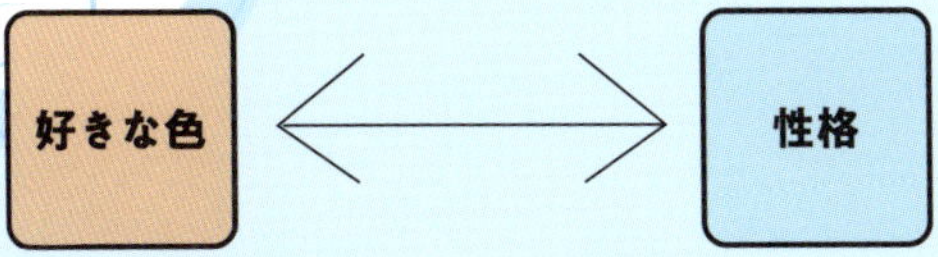

「好きな色」と「性格」の間には密接な関係がある

人の心には「色神《しきがみ》」というイロガミサマのしもべさんである小さな神様がいて、みんなの心を支えてる。この本を読んでいるあなたのなかにもいるよ。

最近、この色神たちが弱っている人が増えて、うまく働かないケースが出てきたんだ。

そうなると、自分のことがよくわからなくなったり、性格が不安定になったりしてしまう。また、そういう人が周りにいると、振り回されることが増える。

だから色神を整えるために執事のぼくがやってきたのさ。

たとえば「赤」が好きな人には「赤の色神」がいて、「濃いピンク」が好きな人には「濃いピンクの色神」、「紫」が好きな人には「紫の色神」がいる。イノシシやネコ、コアラなど動物のような容姿をしている。それぞれ心にいる色神によってみんな性格傾向が違うんだ。

じゃあ、みんなに最初にやってほしいことを解説するね。左のページにある色のなかから、自分の好きな色を見つけてみて。そして本文を読みながら自分がどんな性格かを確認していってね。家族や友人、身近な人の性格もチェックしてみるとおもしろいよ。PART1ではこの相性や特定の色を好む基本性格も説明するよ！

色神にはグループがあって、相性などもわかるから、それはP.28でまとめているよ。

色の好みと性格診断

選んだら、実際に調べてみよう（P.28〜）

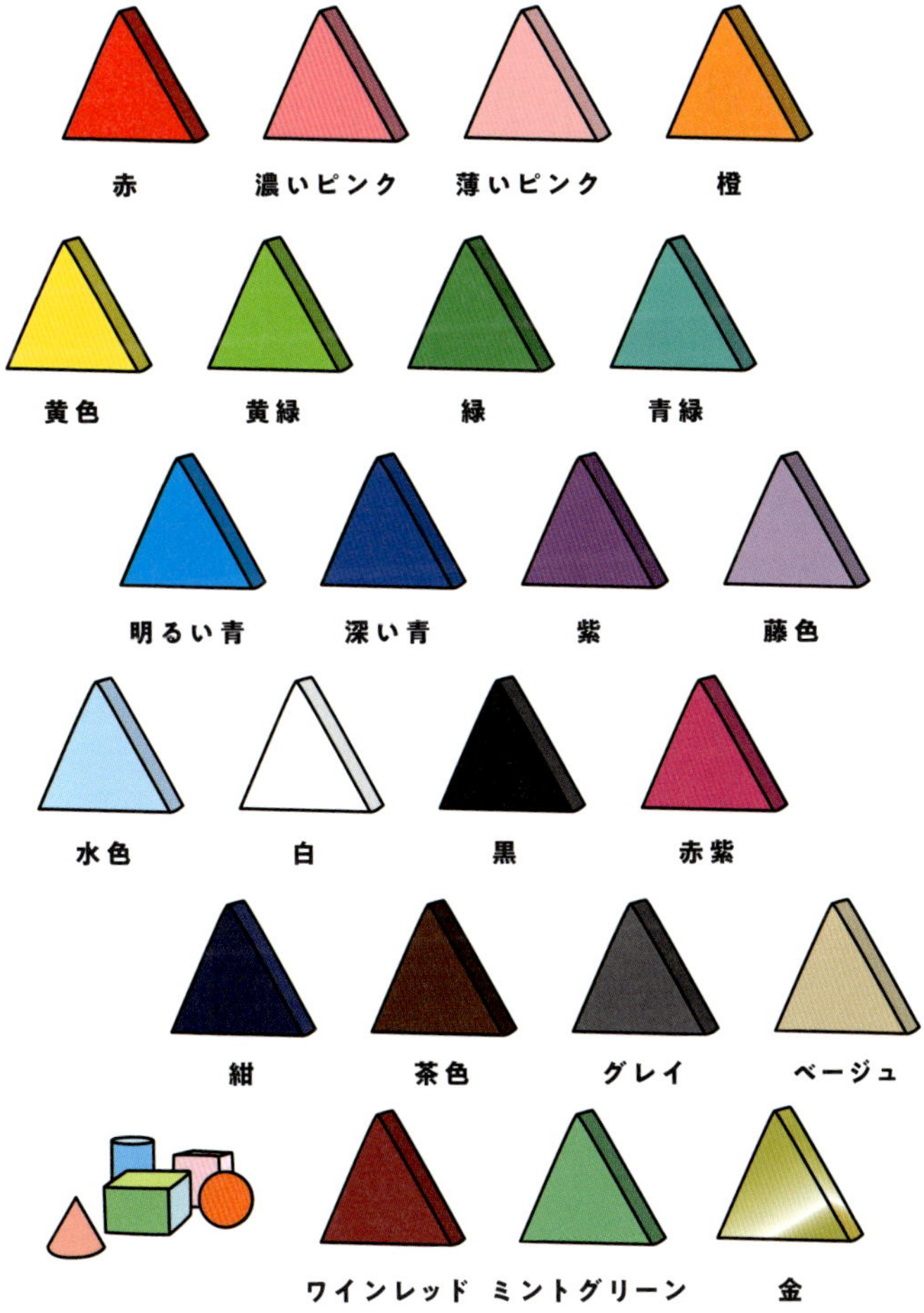

次にその性格をより詳しくみていこうと思う。

好きな色を決めるのに性格以外にどんな影響があるのかも解説するよ。また、好きな色は1色だけじゃなく、2色、3色あるよって人が多いと思う。あなたもそうかもしれないね。

それは心のなかにいる色神も複数いるからなんだ。

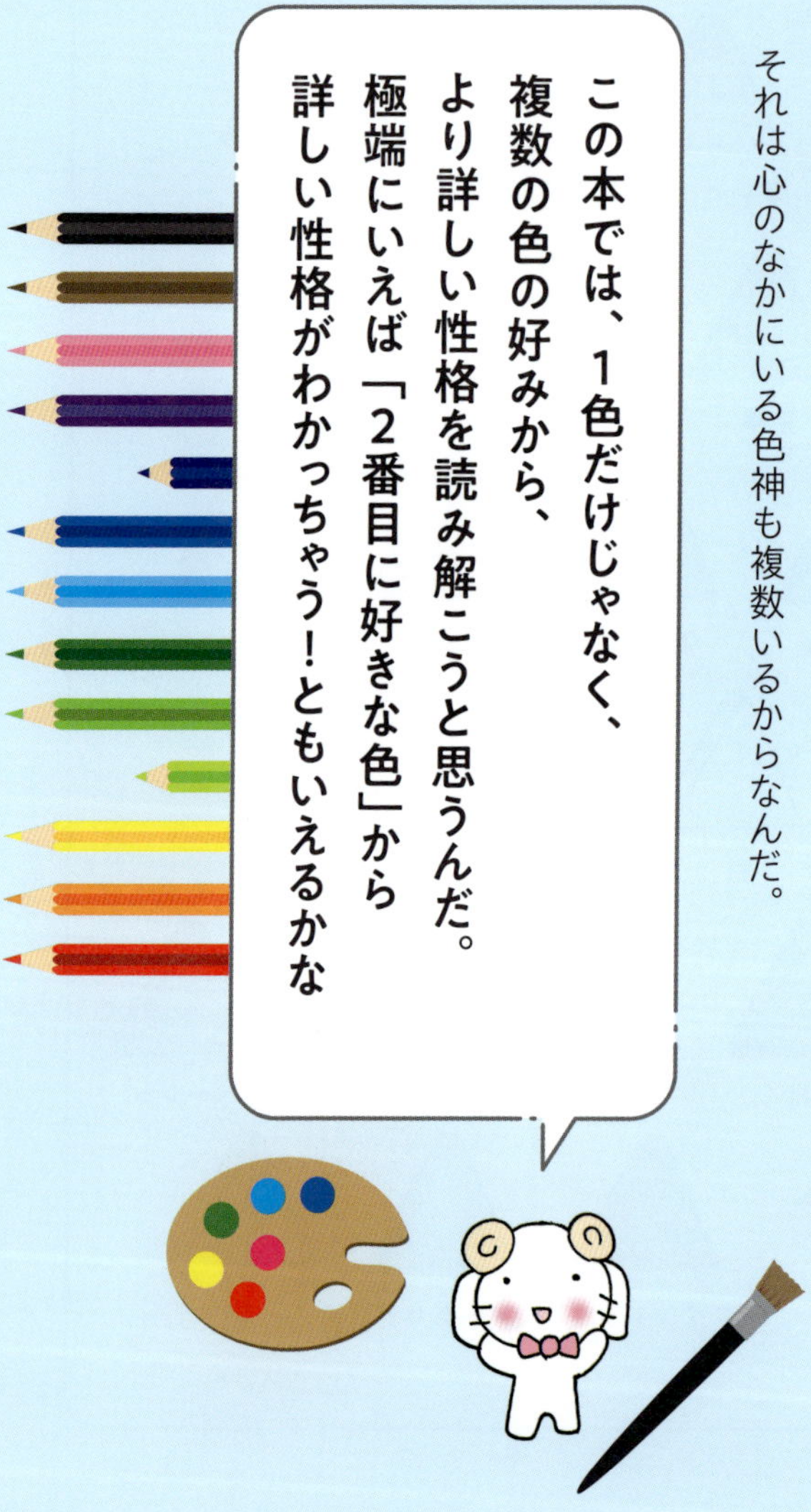
この本では、1色だけじゃなく、
複数の色の好みから、
より詳しい性格を読み解こうと思うんだ。
極端にいえば「2番目に好きな色」から
詳しい性格がわかっちゃう！ともいえるかな

たとえば赤と濃いピンクが好きという人のなかには、「赤の色神」と「濃いピンクの色神」がいて、その色神の性格傾向が混ざった性格になるんだ。赤は性格的に行動的な人に好まれる色で濃いピンクは人に認めてもらいたい感情がある人に好まれる色だから、人の目をついつい意識しながら行動的になる性格なんだろうと推測できるね。

紫と紺が好きっていう人のなかには、「紫の色神」と「紺の色神」がいて、その色神の性格傾向が混ざった性格になるんだ。紫の創造的な部分と紺の安定的な部分を併せもつ性格。紫の感覚的な部分を紺の判断力がカバーしているとも考えられるね。

色の組み合わせは本当にたくさんあるから、人は多彩な性格になる。おもしろいでしょう。これをPART2でまとめるよ。

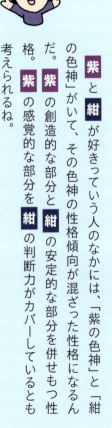

では次に質問。左のイラストには、たくさんの風船の色をはじめ、さまざまな色が見られるけれど、どれか気になる色はあるかな。
「好きな色」が気になる人もいれば、ふだん「好きな色」とはまったく違う色が気になることもあるよね。今日、気になる色から心の状態を探ってみるよ。ＰＡＲＴ３では「気になる色」から「今の自分」を見つめていこうと思う。

ウッキー

そして、本当は考えなくていいんだけど、ついつい「生きる意味」とか「生きる目的」とか考えて苦しんでしまう人がいるから、「好きな色」をヒントにちょっと一緒に考えて、色神を整えること、すなわち心を整えていこうという話をしたいよ。過去・現在・未来を見つめ直して、あなたの人生をどう描くか、PART4では、それを見つけていくお手伝いをしよう。色を通してみんなの物語を綴ろうと思うんだ。

そして最後のPART5では、自己診断のやり方にも少し触れたいと思う。どんな道具を使えば、より深い性格が見えてくるのかも説明しようと思うから、自分だけじゃなくて、家族や友人同士でも楽しめると思うよ。

この本はこんな感じで進行していくよ。

PART1 「好きな色」から「自分の性格」がわかる

PART2 複数の「好きな色」から「本当の自分」がわかる

PART3 「今、気になる色」から「ほしいもの」「願望」がわかる

PART4 「好きな色」から「自分が生きる意味のヒント」がわかる

PART5 自己診断のやり方、その他の要素でわかる性格傾向について

ではでは、好きな色と性格の不思議な関係について、一緒に深掘りしていこう

Contents

PART 3 「気になる色」からわかる「今の自分」

PART 4

未来を描く「自分の色」のつくり方

PART 5

自己診断と他の性格分析

キャラクター紹介

イロガミサマ

色をつかさどる色の神様の総称。色ごとにアカガミサマ、アオガミサマ、キガミサマなどの個性的な神様が存在する。古くから人と関わりをもって、色の効果を人に教えてきたとされている。

イロップイヤー

耳が大きなうさぎのロップイヤーに似ていながら羊のツノをもつ不思議な存在。人の心のなかに住む色神（シキガミ）を取りまとめる色神執事。色の好みと性格の関係を詳しく解説してくれる。

色神（シキガミ）

イロガミサマのしもべとして人の心のなかに住み、人の性格に影響を与えている。多くの人の心のなかには同時に複数の色神がいて、その影響で多様な性格をつくりあげていると考えられている。色神の種類を知れば、自分でも気づかない本当の性格、本当の自分を知るヒントになる。

PART 1

好きな色と5つのカテゴリ

好きな色はその性質から5つのグループに分類するとわかりやすくなります。自分の好きな色から導かれる性格傾向がどのグループに属するかを知って、自分の基本性質や他人との相性などを知りましょう。

性格傾向の5つのカテゴリ

**本書では「好きな色」として
挙げられることの多い23色を中心に説明します。
まずは、23色を5つに分類して
おおまかな性格傾向をみてみましょう。**

人の性格はじつに複雑で多様です。１００人いれば１００パターンあるのが人の性格です。しかし、好きな色からわかる性格傾向を収集していくなかで、似たような性格傾向をもつ人がいることがわかりました。

たとえば「赤」が好きな人の性格と「橙」が好きな人の性格は、行動力があって似ているところがあります。「薄いピンク」と「藤色」が好きな人は繊細で優しい性格傾向が似ています。同じように、特定の性格傾向を基準に、5つのグループに分けると性格傾向がわかりやすくなります。自分の好きな色がどのグループに属するかで、おおまかな性格の傾向がわかります。

本書で扱う23色の色神一覧

赤

濃いピンク

薄いピンク

橙

黄色

黄緑

緑

青緑

明るい青

深い青

紫

藤色

水色

白

黒

赤紫

紺

茶色

グレイ

ベージュ

ワインレッド

ミントグリーン

金

行動力の色神グループ

これらの色神は、行動力や強い精神力を与える傾向があります。このグループの人は、人生という冒険に欠かせない行動力を備えた「戦士タイプ」の性格といえます。

赤

濃いピンク

橙

赤紫

金

創造の色神グループ

これらの色神は、創造的で発想力豊かな性格をつくる傾向があります。このグループの人は、豊かな想像力をもって冒険を安全に導く「魔法使いタイプ」の性格といえます。

黄緑

明るい青

紫

水色

黄色

緑

青緑

黒

ミント
グリーン

愛と慈悲 の色神グループ

これらの色神は、愛情深く優しい性格を形成する傾向があります。このグループの人は、博愛の気持ちをもって他者に優しさを注ぐ「シスター／神父タイプ」の性格といえます。

薄いピンク

藤色

白

ベージュ

秩序と平和 の色神グループ

これらの色神は、秩序や平和をつくる性格を形成する傾向があります。このグループの人は、世界にルールや秩序を与える「貴族タイプ」「統治者タイプ」のような存在になります。

深い青

紺

茶色

グレイ

ワインレッド

万能 の色神グループ

これらの色神は、さまざまな能力をバランスよくもっている存在といえます。このグループの人は、人生という冒険の中心的な存在になる、まるで「勇者タイプ」のような性格が出てきます。

COLUMN

性格のほとんどは心の奥に眠っている

各カテゴリの説明に入る前に、性格を考える上でヒントになるかもしれない考え方のひとつを紹介しておきます。心理学者のジョセフ・ルフトとハリー・インガムの「ジョハリの窓」と呼ばれるものです。

自分で「自分の性格」だと思っている部分は、性格全体から見たらごく一部にしかすぎません。性格のほとんどは心の奥に眠っていて、そのすべてを自分で知ることは難しいのです。

そこで、自分の情報を４つの部分（窓）として考えるとわかりやすくなります。自分で自分を見たときにわかっている部分とわかっていない部分、他人から自分を見たときに、わかっている部分とわかっていない部分という４つの部分の存在を考えてみます。

		自分	
		知っている	知らない
他人	知っている	開放的な部分	盲点の部分
	知らない	隠している部分	未知の部分

他人に隠している部分を減らし、他人に自分の気づかない性格を指摘してもらうと開放される部分が大きくなって（ピンクの部分）、未知の自分が小さくなります

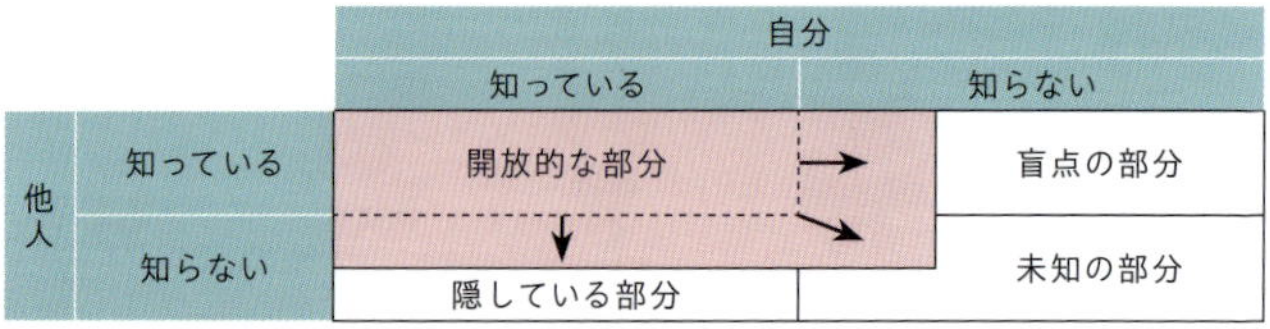

未知の部分が大きい人は「何を考えているかわからない」と評価されてしまう傾向にあります。信頼され、コミュニケーション能力の高い人になるには、開放的な部分を大きくしていくことは大事だと思われます。

本書の「好きな色」というアプローチから、心の奥底に眠っている性格をのぞいてみるのもおもしろいと思います。

行動力の色神グループ

赤が好きな人の性格

外向性	★★★★★
創造性	★★
繊細傾向	★
協調性	★★
個性的	★★★★

炎の猪神

燃え尽きるまで走る
情熱のイノシシ

基本性格

- 行動力があり、正義感が強い
- 愛情深い。自分自身が愛情を求めている人もいる
- 外向的で人を束ねる資質があるリーダータイプ
- 赤の強さにあこがれている、赤好き予備軍の人もいる

心理イメージワード

行動的
正義感
愛情
努力家
わがまま

濃いピンクが好きな人の性格

外向性	★★★★
創造性	★★
繊細傾向	★★★
協調性	★★
個性的	★★★★

戦略的な猫神

賢く、
心が動きやすいネコ

心理イメージワード

感情的
戦略行動
承認欲求
賢い
活動的

基本性格

- 好奇心旺盛、感情が動きやすい
- 繊細な部分と活動的な部分がある。
  デリケートな性格に見られたいと感じることも
- 知的教養度が高く、計算高い部分もある

行動力の色神グループ

橙が好きな人の性格

外向性 ★★★★★
創造性 ★★
繊細傾向 ★
協調性 ★★★
個性的 ★★★

社交的なライオン神

**行動的で社交的、
仲間を大事にするライオン**

心理イメージワード

親しみやすい
集団行動
競争心
好奇心
人間性

基本性格

- 元気で陽気、競争心が強くて負けず嫌い
- 社交的で仲間意識が強い、
個人よりも仲間と行動する
- 親しみやすく、いろいろな人と仲よくなれる

赤紫が好きな人の性格

外向性 ★★★★
創造性 ★★
繊細傾向 ★★
協調性 ★★
個性的 ★★★★

直感のトビネズミ神

**感覚力と行動力で飛躍する
トビネズミ**

心理イメージワード

直感的
行動的
承認欲求
無理しやすい
警戒心

基本性格

- 直感力と行動力に溢れている
- 洗練された自分を評価してもらいたいとして、
無理してしまうことも
- 人間関係も上手にこなすが得意ではなく、警
戒心が強いところもある

金が好きな人の性格

外向性 ★★★★
創造性 ★★★
繊細傾向 ★
協調性 ★
個性的 ★★★★★

金塊を運ぶクジラ神

人生を満喫する
バイタリティ溢れるクジラ

心理イメージワード
- バイタリティ
- 権力
- 執着心
- 理想が高い
- 面倒見がよい

基本性格

- 大きな夢があり、実現していく力がある
- 人生を満喫することに努力を惜しまない
- 運のよしあし、権力に敏感
- 面倒見がよく優しいところもある

イロップイヤーのプチ解説

「心理イメージワード」って何？

各色にある「心理イメージワード」は、その色が好きな人の性格傾向を「一言」で表したものだよ。この言葉を覚えておけば、端的に性格を表現することができる便利なものなんだ。

それぞれの言葉が性格に出やすい人、出にくい人がいるから、言葉をあまりネガティブに捉えないで、心の奥にそんな性格傾向がないか楽しみながら探してね。

たとえば「感情的」って言葉。心が動きやすいことは、素直でよいことでもあるんだ。

くわしくはP.78で！

心理イメージワード
- 感情的
- 戦略行動
- 承認欲求
- 賢い
- 活動的

創造の色神グループ

黄緑が好きな人の性格

外向性 ★★★
創造性 ★★★★
繊細傾向 ★★
協調性 ★★
個性的 ★★★★

才能豊かなメガネ猿神

洞察力に長《た》けた
クリエイティブなメガネ猿

基本性格

- 個性的な人、個性的でありたい人
- 洞察力、観察力に優れ、理論的
- 才能豊か、クリエイティブで、チャレンジ精神がある
- 他人の目が気になる人もいる

心理イメージワード

個性的
観察力
創造的
才能豊か
論理的

明るい青が好きな人の性格

外向性 ★★★
創造性 ★★★★
繊細傾向 ★★
協調性 ★★★★
個性的 ★★

勇敢なチワワ神

協調性がありながら
自分を表現できるチワワ

基本性格

- 協調性を大事にする人
- 人に配慮しながら自分の意見もいえる
- 創作、自己表現が上手
- 自立心が強くて、愛情が豊か

心理イメージワード

協調性
愛情
創造的
自己表現
自立心

紫が好きな人の性格

外向性 ★★
創造性 ★★★★★
繊細傾向 ★★★★
協調性 ★★
個性的 ★★★★★

アートなコアラ神

静と動の二面性をもつ
アーティストコアラ

基本性格

- 人と同じことをするのが苦手
- 冷静と情熱の二面性があり、不安定になることも
- なかなか理解されにくく繊細で孤独感がある
- 創作が好き、打ち込むことが好き

心理イメージワード

感覚的
二面性
創造的
繊細
孤独感

水色が好きな人の性格

外向性 ★
創造性 ★★★★
繊細傾向 ★★★★
協調性 ★★★
個性的 ★★

創作するラッコ神

創作と分析を好む
道具使いのラッコ

基本性格

- 感性豊かで感受性が高い
- クリエイティブ、分析的（理由が必要）
- 器用で道具（PC、スマホ、画材など）をうまく使う
- 優しい性格だが、隠れ短気な人もいる

心理イメージワード

創造的
感性豊か
分析的
優しい
繊細

愛と慈悲の色神グループ

薄いピンクが好きな人の性格

外向性 ★★
創造性 ★★
繊細傾向 ★★★★★
協調性 ★★★★
個性的 ★★

ふわふわなパンダ神

温厚で優しい、繊細なパンダ

心理イメージワード
繊細
優しい
恋愛願望
かわいいが好き
人が苦手

基本性格

- 優しく温和な性格
- 人間関係で傷つくことが多く、繊細である
- 幸せな結婚生活など空想することもある
- 小さな刺激を求めていることも

藤色が好きな人の性格

外向性 ★
創造性 ★★★★
繊細傾向 ★★★★
協調性 ★★★
個性的 ★★

繊細なウサギ神

感性豊かで
傷つきやすいウサギ

心理イメージワード
繊細
創造的
感性豊か
人見知り
感覚的

基本性格

- 優しくて繊細、不安症傾向
- 創作、表現することが好き
- 人見知り傾向があるが、慣れると問題なくこなす
- 感覚的に考える人が多い

白が好きな人の性格

外向性 ★★★
創造性 ★★★
繊細傾向 ★★★
協調性 ★★★
個性的 ★★★

美意識の高い白鳥神

努力家で完璧主義者のハクチョウ

心理イメージワード
- 努力家
- 美意識
- 演技派
- 完璧主義
- 引き立て上手

基本性格

- 高い理念があり、自分を律して進んでいく
- 基本、努力家で完璧主義者
- 自分にも他人にも厳しい
- 努力家でなく、白に憧れている人もいる

ベージュが好きな人の性格

外向性 ★★
創造性 ★★
繊細傾向 ★★★★
協調性 ★★★★
個性的 ★★

温厚で優しい羊神

優しく思いやりのある小さなヒツジ

心理イメージワード
- 温厚
- 保守的
- 母性的
- 忍耐力
- 繊細

基本性格

- 優しく温厚、思いやりがある（母性的）
- 忍耐力があるけれど、メンタル弱め
- 保守的な傾向が見られる人も
- 争いを好まないが自己主張が見える

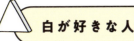

秩序と平和の色神グループ

深い青が好きな人の性格

外向性 ★
創造性 ★★★
繊細傾向 ★★★
協調性 ★★★★★
個性的 ★★

従順な柴犬神

調和と協調性の
平和な柴犬

心理イメージワード

協調性
保守的
不安定
まじめ
孤独感

基本性格

- 協調性、共感を大事にする人
- 自分よりも他人の意見を尊重しがち
- 考えすぎて悩むことが多い
- 知的でまじめな性格

紺が好きな人の性格

外向性 ★★
創造性 ★★★
繊細傾向 ★★
協調性 ★★★★
個性的 ★★

賢者のフクロウ神

優れた判断力と
知恵のフクロウ

心理イメージワード

安定
保守的
判断力
知識欲
協調性

基本性格

- 安定した落ち着いた性格
- 判断力に優れている
- 知識と権威を好む傾向がある
- 感じが悪いと誤解されることも

茶色が好きな人の性格

外向性	★★
創造性	★★
繊細傾向	★★
協調性	★★★★
個性的	★★

心が広く寡黙なクマ神

責任感が強く、
頼れる信頼のクマ

心理イメージワード

安定感
責任感
寡黙
器が大きい
優しい

基本性格

- 困っている人を見すごせない
- 責任感が強く、頼れる存在
- 寡黙であまり雄弁ではない
- 自然のものが好き、癒される

グレイが好きな人の性格

外向性	★★
創造性	★★
繊細傾向	★★★
協調性	★★★★
個性的	★★

慎重で控えめな馬神

良識ある態度が光る
人のために走るウマ

心理イメージワード

慎重派
控えめ
不安感
良識
人が苦手

基本性格

- 控えめで良識ある態度
- 用心深くて慎重
- 心の奥に不安がある人も多い
- 人付き合いは苦手

秩序と平和の色神グループ

ワインレッドが好きな人の性格

外向性	★★★★
創造性	★★★
繊細傾向	★★
協調性	★★★
個性的	★★★

エレガンスなトナカイ神

誰もが憧れる
上品な生活を目指すトナカイ

基本性格

- 寛大で円熟した品がある
- 感性や感度が高い
- ルールや秩序を守りたいまじめさ
- 品行方正さのなかに遊び心、行動力の願望が隠れている

心理イメージワード

上品
豊かな感性
品行方正
遊び心
行動力

イロップイヤーのプチ解説

性格解説を読んで、もやっとしたら

自分の好きな色の性格解説を読んで、もし「イラッ」としたり、もやもやしたり、「わかっていないな」という感情が湧き上がってきたら、じつはそれには大きな意味があるよ。

人は心の奥で、コンプレックスを薄々感じていて、それを他人に指摘されると強く反発する感情が浮かび上がるんだ。だから、じつは「イラッ」とした感情が生まれたら、突き放すのではなくて、なんでそんなに強く反応するのか自分の心のなかを探ってみよう。性格改善や自尊感情を高めることに使える何かが眠っているかもしれないね。

「怒り」は「自分を変える」ヒントになり得るんだ。

万能の色神グループ

黄色が好きな人の性格

外向性 ★★★★
創造性 ★★★
繊細傾向 ★★
協調性 ★★★
個性的 ★★★

新しいものが大好きなアルパカ神

楽しくてユーモアがある中心的存在のアルパカ

心理イメージワード

好奇心
ユニーク
上昇志向
知的
変身願望

基本性格

- 好奇心が強く、新しいものが好き
- 知的で上昇意欲が高い
- ユーモアがありグループの中心的な人物
- 黄色の眩しさに憧れ、自分を変えたいと思う人も

緑が好きな人の性格

外向性 ★★★
創造性 ★★★
繊細傾向 ★★★
協調性 ★★★
個性的 ★★★

平和と癒しのカピバラ神

温和ながら芯がしっかりしているカピバラ

心理イメージワード

調和
癒し的
個人主義
平和主義
まじめ

基本性格

- バランスよくさまざまな性格が調和している
- 温和で温厚で癒し的、しかし芯はしっかりしている
- 人間関係の調和をとりつつ、自己主張も忘れない
- 好奇心は強い。依存性があることも

万能の色神グループ

青緑が好きな人の性格

外向性★★★
創造性★★★
繊細傾向★★★
協調性★★
個性的★★★★

洗練されたイルカ神

クールで美しく磨かれた独創的なイルカ

基本性格

- 優れた感性、感覚の持ち主
- 控えめでまじめな性格。クールに見える
- 自分のことをあまり語らず誤解されやすい
- 気持ちを解放しようと、刺激を求めて行動的になる人もいる

心理イメージワード

秘密主義
感性豊か
控えめ
解放感
独創的

黒が好きな人の性格

外向性★★★
創造性★★
繊細傾向★★
協調性★★
個性的★★★★

都会で暮らすペンギン神

姿勢を正して暮らす強いペンギン

基本性格

- 聡明で発言力がある
- 人を動かす人もいるが、基本、おひとりさまを好む
- 黒の強さに逃げている人もいて、不安を隠す目的で黒を好む人も多い
- 協調よりも防御的で、頑固なところがある

心理イメージワード

防衛心
不安感
威圧的
聡明さ
頑固

ミントグリーンが好きな人の性格

外向性 ★★★
創造性 ★★★
繊細傾向 ★★★★
協調性 ★★★
個性的 ★★

気まぐれな子どものドラゴン神

自由で素直、優しい世界に住むドラゴン

心理イメージワード

自由
優しい
素直
気分屋
人が苦手

基本性格

- 自由さと素直さが周りの人の癒しに
- 優しくて繊細、気分屋な一面も
- 好奇心が強くて器用。アートも好む
- 人間関係があまり得意ではない

イロップイヤーのプチ解説

性格傾向は時代によって変わる？

みんなに質問。現代人と江戸時代の人の日本人の性格って同じだと思う？　それとも違うと思う？

当時、日本を訪れた外国人たちの記録が複数残っていて、大らかでいつも楽しそうな幸福感にあふれた庶民たちの様子が書かれている。けして裕福ではなかったけれど、みんな貧しくて、誰かとくらべることもなく、比較的自由に暮らしていたからなんだろうね。

現代は物質的に豊かになって、性格も多様化してきたけれど、便利でなんでもできることが、必ずしも幸福感、心の豊かさにつながるわけではなく、かわりに心が不便になってしまったみたいだよね。

相性がよい 仲よくできる 相手とは

ここまで紹介してきた性格別の
5つのカテゴリーごとに、
相性のよい相手、
付き合いやすい相手の傾向をおおまかに解説します。

自分がどんな相手と相性がよいかを調べてみましょう。相性のよい相手は基本3パターン存在します。

①同じグループの相手

たとえば、「行動力の色神グループ」は「行動力の色神グループの相手」と相性がよい傾向にあります。

たとえば「赤」が好きな人は、「濃いピンク」「橙」「赤紫」「金」が好きな人と相性がよいのです。

これは同じグループ内では、思考や行動の傾向が似ることで、安心感や心地よさがうまれるからです。

行動力の色神グループ

赤　濃いピンク　橙　赤紫　金

創造の色神グループ

黄緑　明るい青　紫　水色

愛と慈悲の色神グループ

薄いピンク　藤色　白　ベージュ

秩序と平和の色神グループ

深い青　紺　茶色　グレイ　ワインレッド

万能の色神グループ

黄色　緑　青緑　黒　ミントグリーン

②相性のよい特定のグループの相手

特定グループと特定グループの相性のよさもあります。

行動力の色神グループ

このグループの人は、「秩序と平和の色神グループ」と相性がよくなります。これは行動には秩序があると整うからです。「行動力」のあるグループの人にとって「秩序と平和」をつくりだせる人は、無謀に行動してしまう自分を抑制してくれたり、無理するのを止めてくれる存在だからです。

創造の色神グループ

このグループの人は、「愛と慈悲の色神グループ」との相性のよさが目立ちます。何かをつくること、その背景に「愛情」「思いやり」があることで、創作したものが昇華するからです。

愛と慈悲の色神グループ

このグループの人は「行動力の色神グループ」と相性がよいです。愛情、慈悲、思いやり、人に対しての優しさは、行動すること、前に動かせる力があることで実際に人の役に立ちます。

秩序と平和の色神グループ

このグループの人と相性がよいのは、「創造の色神グループ」の人です。秩序は守るだけでなく、新しいものにどんどん改善していく必要があるからです。

万能の色神グループ

「万能の色神グループ」はその名の通り、どんなグループとも一定の関係を築けます。そのなかで特に相性がよいのが、「行動力の色神グループ」と「創造の色神グループ」だといえます。

5つのグループの相性 相関図

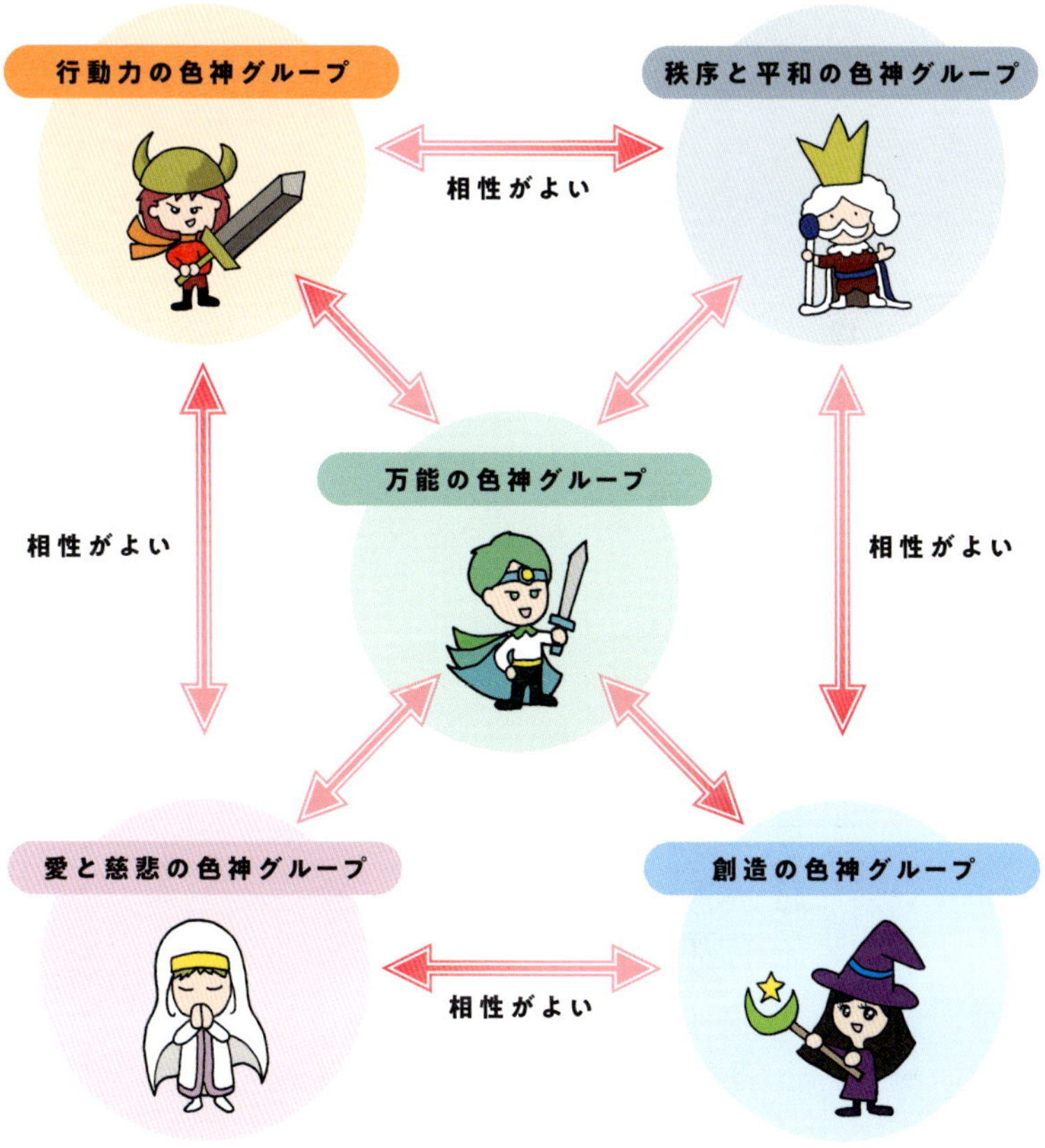

- 行動には秩序、ルール
- 秩序には創造
- 創造には愛や思いやりの心
- 愛には行動する力

が求められます

③自分の好きな色と、補色関係にある色が好きな相手

自分の色と反対の色である補色が好きな人も相性がよい相手です。補色（物理補色）は混色すると無彩色（白・黒・グレイ）になる関係で、一般的には色相環（P．50）の反対側の色が好きな人ということになります。

これは性格でいう「相補性」という関係にあたり、自分の足りない部分、苦手な部分を相手が補ってくれる関係になるからです。

たとえば「紫」が好きな人は、体調が悪くなると、不安定になって自分の内側にこもりがちになりますが、そんなときに補色関係にある「黄色」が好きな人の明るさ、元気さは、救いになってくれるはずです。

補色について詳しくはP．50で解説します。

◉大勢での相性についての考え方

1対1や少人数同士での関係は、P．44から紹介した①②③といった相手が好ましいですが、人が多く集まったときは、各グループから1人ずつ5人の個性が集まると、より相性がよくなります。

それはたとえばファンタジー世界で冒険に出るときに、前衛の戦士、攻撃と防御の魔法使い、後方支援の聖職者、総合力の勇者がいるパーティーを組むのと同じです。そこにゲームのルールを司るゲームマスターである統治者がいたら完璧です。

これも、自分に足りない部分を補完し合う関係なのです。

少人数では似たもの同士が楽しいけれど、大勢になったら、自分の足りない部分や自分にない意見を出して助け合える仲間が大事なことがわかります。

色相環の「補色」と性格の「相補性」

自分の好きな色と「補色」の相手とは相性がよい

内側にこもりやすい「紫」が好きな人は、「黄色」が好きな人の明るさが救いになることもある

「赤紫」と「黄緑」が好きな人は、お互いに個性的な存在。個性の方向が異なっているため、受ける刺激も魅力的に感じると思われる

大勢では各グループの人が1人ずついると全体のバランスがとれます

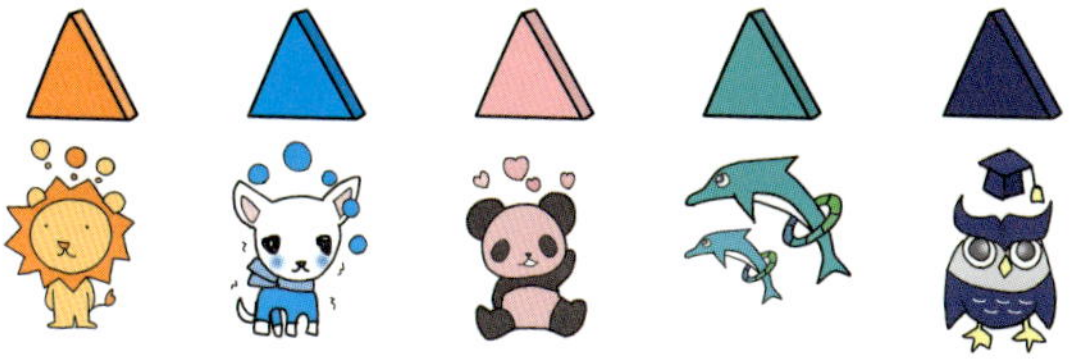

各グループ、特に（戦士、魔法使い、聖職者、勇者）のメンバーがいると、

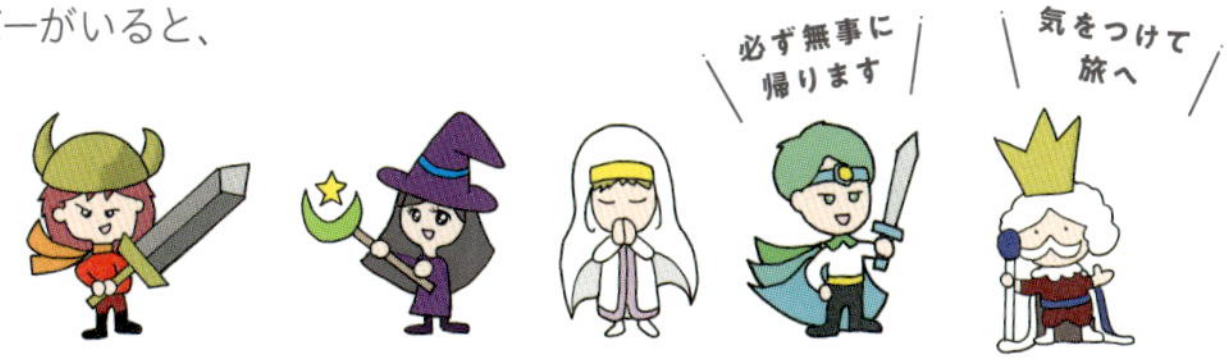

全体のバランスが保たれやすく、よい仲間になりやすいでしょう。
仲のよい友人グループを調べてみると、自然にこうしたパターンになっていることも多いといえます。

色相環、補色、明度、彩度について

補色

一般的には色相環の反対側にあります。
マグロ（赤）と大葉（緑）のように引き立てる効果があります。

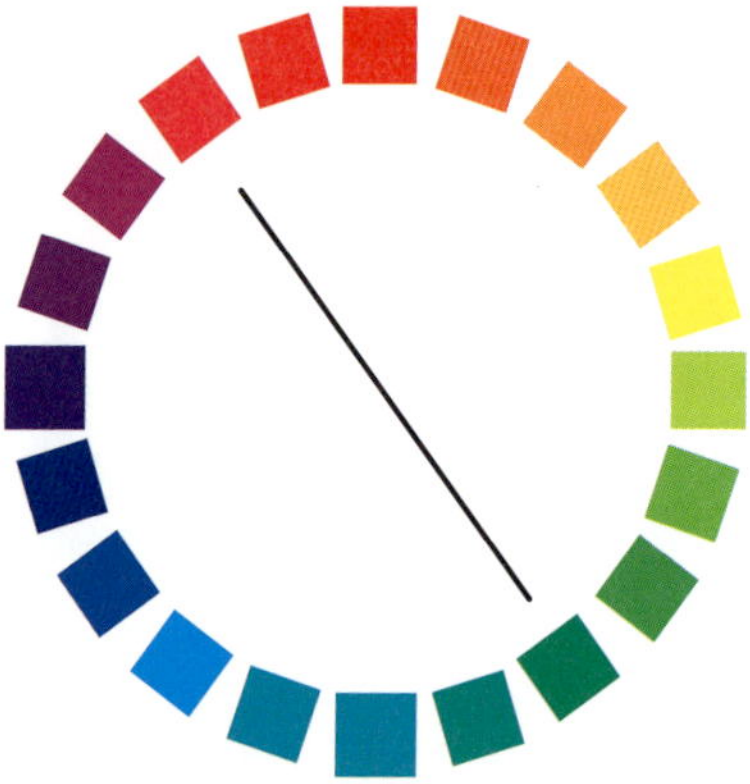

色相とは、赤、青、黄色、緑などと呼んでいる「色み」「色合い」のことです。似た色を並べて円形にしたものを「色相環」とよびます。

明度・彩度

明度は色の明るさを示すものです。明度は高くなると白に近づきます。

彩度がわかりにくいと感じる人もいますが、彩度は色の鮮やかさ、強さを示すものです。彩度は高くなると純色に近づきます。色に灰色を加えていくと、低彩度になります。

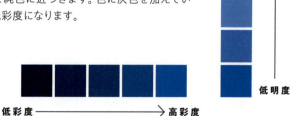

PART 2

好きな色からわかる「本当の自分」

好きな色は複数あるという人が多いと思います。PART2では、性格を知るのに、なぜ色の好みが関係しているのかという話から、複数の色（2色）から導かれる「本当の自分」の性格について、迫っていこうと思います。

なぜ「好きな色」から「性格」がわかるのか❶

◉色彩心理の分野、これからの学問

「色の好み」と「性格」という一見、結びつきそうもないものの間に、どうして関連性が存在するのでしょう。

色の好みと性格の関係は、色彩心理学という心理学の分野のひとつで、世界で研究されているトピックスのひとつです。まだまだ新しい研究分野であり、研究者も少なく、「根拠がない」「占い」といわれることも少なくありません。

女子美術大学の近江源太郎教授がアメリカ心理学会のデータベースを調べたところ、パーソナリティ(個性・人格)と色彩嗜好の心理学的な研究は54件しかなく、色に関する論文のなかで０・３％にしかすぎないと２００９年に指摘しています(松田・名取・破田野２０１９)。世界的に見てもまだ少なく、これから広がっていく研究です。

将来は人を知るために重要な知見のひとつになると思われますので、早くに学び、豊かに使いこなすほうがメリットも多くなると思われます。

◉色の好みと性格が結びつく理由

日本の色の好みと性格が結びつく研究としては、２０２６人の大学生を対象に色の好みとパーソナリティの関係を明らかにしたものがあります。この研究では学生たちは自らのパーソナリティによく似たイメージの色を好むという知見が得られています(松田・名取・破田野２０１９)。

色の好みと性格が結ばれるメカニズムは複雑で、さまざまな要素が関わっていると考えられますが、

色の「イメージ」と人の「性格」の結びつき

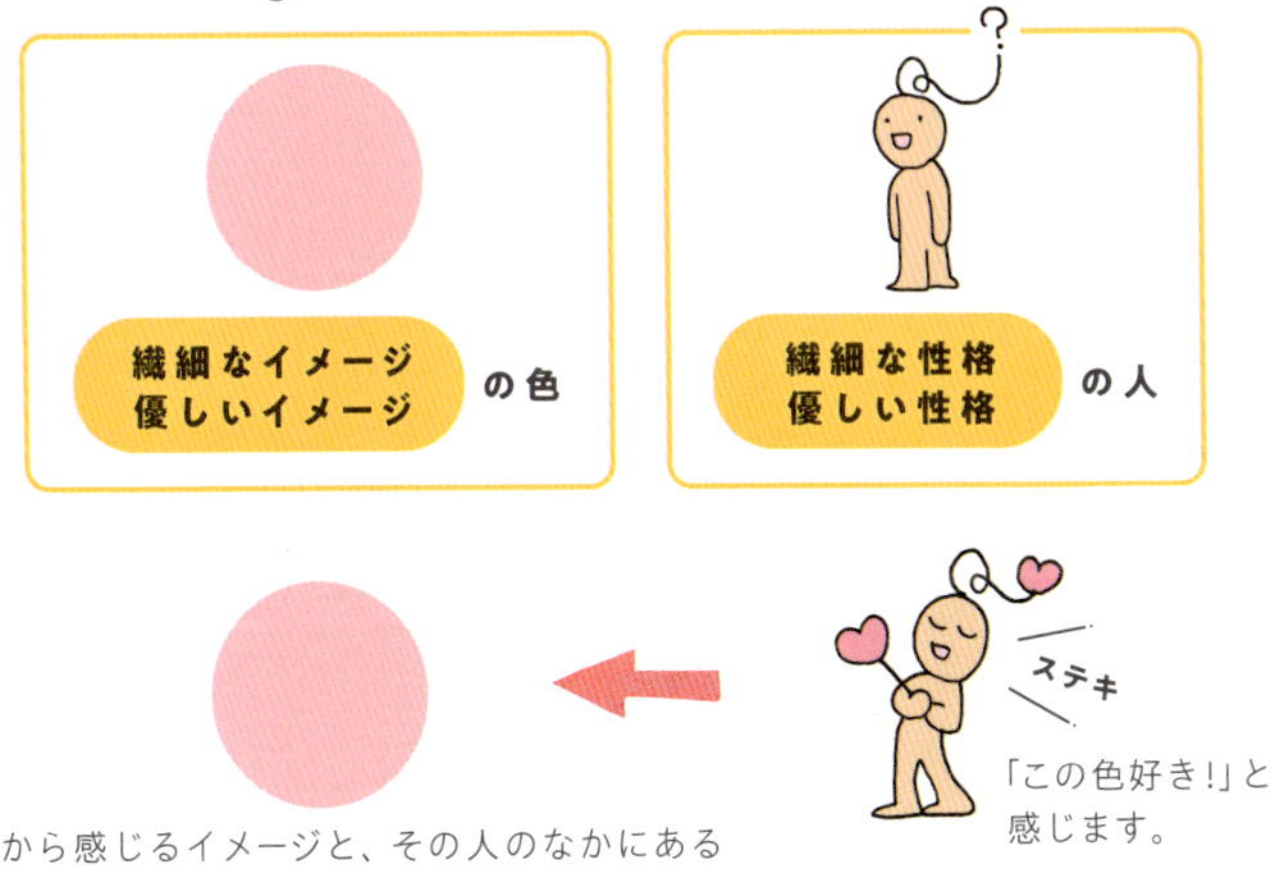
繊細なイメージ
優しいイメージ
の色
繊細な性格
優しい性格
の人
ステキ
「この色好き！」と
感じます。

色から感じるイメージと、その人のなかにある「性格傾向の要素」が一致して心地よく感じます。

ここではひとつの主な理由を紹介します。

それは**色から感じる「イメージ」と見た人の「性格傾向の要素」が一致すると心地よく感じる**というものです。

たとえば、「薄いピンク」なら、色がもつ「繊細な」「優しい」といったイメージと、その人のなかにある「繊細な性格」「優しい性格」が一致します。一致することの心地よさが「色の好み」として現れてくるのです。

同時に、「薄いピンク」を見ていると、色のイメージに自分を合わせるように、優しくて繊細な性格傾向に向かいます。心地よいと感じる色、そのイメージを辿れば、その人の性格の一面が見えてきますし、色を使えば性格の変化を誘引するものにもなり得ます。

環境が性格に影響を与えるように、色もまるで環境のように、性格に影響を与えていきます。

なぜ「好きな色」から「性格」がわかるのか❷

◉色と形がつくるイメージ

ポーポー・ポロダクションは、色や形がどんなイメージをつくるのかという調査・研究をしていくなかで、当初「万人が好む色」を探そうとしていました。多くの人が好む色がわかれば、商業に応用できるのではないかと思ったからです。

しかし、まったく共通性を見つけることができませんでした。好きな色は一人ひとり異なりました。**好まれやすい色に順位をつけられる程度の偏りはあっても、まさに「十人十色」でした。**

ところが、その調査過程で、特定の色と形から受けるイメージは、多くの人に共通することがわかりました。色や形から受ける印象は個人の経験に基づくこともあり、個人差が強いのではと考えていましたが、予想以上に一致したのです。この現象にとても興味がわきました。

◉どのように色と性格をまとめたのか

１９３０年代のアメリカで、カラーコンサルタントのフェイバー・ビレンは、色をマーケティングで活用しようと色の心理効果に注目しました。

彼はロゴ制作に色の効果を取り入れましたが、色の好みと性格の関係も研究して資料を残しています。またビレンの影響を受けた日本の研究者たちも色と性格の関係を調べています。

ポーポー・ポロダクションはこのような海外と日本の研究のデータを基本として、さらに精度の高い色と性格の関係をまとめようと考えました。

最初にしたことは約１００人の色の好みと性格

色と性格の関連性のまとめかた

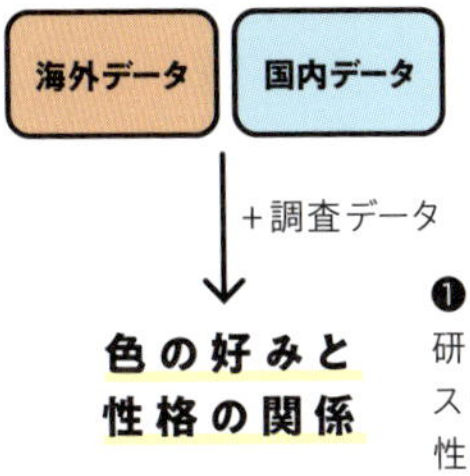

❶ 海外と国内の研究データをベースに、新しく色と性格の関係をまとめようとしました。

❷ 最初に約100人に聞き取り調査を行ないました。長期間観察したり、第三者の意見も聞きます。

❸ 細かく因子に分けてまとめて「仮説・色と性格」をまとめました。

❹ 約300人の方の協力を得て、仮設の検証・立証をしていきました。

の関係を聞き取り、細かく因子に分けてまとめていきました。性格をよく知る人の色の好みを調べたり、客観性を高めるために、その人がどんな性格かを観察、調査したり、第三者に意見を求めました。自己申告だけでは、本人の性格を正しく評価できないと思ったからです。

そして「仮説・色と性格」をつくり、この仮説が正しいかを約300人の方に協力をいただき好きな色を聞いて性格を提示し、感想を聞いて、修正する作業を繰り返しました。そして「色と性格」の関係をまとめていきました。

色と性格の関係の根本にある「色とイメージの関係」はさまざまな影響を受けて小さく変化します。毎年、多くの人の調査データを加えていき、調整と更新を加えています。

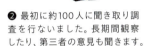

色の好みに影響を与えるもの❶

◉色の好みのつくられかた

「色の好み」がうまれるメカニズムはおもしろく、何かのきっかけでとても簡単につくられてしまうこともありますし、長年かけてじっくりとつくられていくこともあります。

色から感じるイメージと性格の一致だけでなく、他にもさまざまなものが影響していると考えられています。では、どのようなものから影響を受けるのか、みていきましょう。

①文化・宗教・歴史的な背景

色の好みは文化や宗教の影響も強く受けます。たとえばフランスでは「青」と「赤」が好まれます。「青」は神様がいる空の色という考えがあり、聖母マリアのマントの色でもあります。そして、「青」と「赤」はフランスの国旗に使われています。

よく見るものを好きになる「単純接触の原理」というものがあります。フランスでは身近な色である「青」や「赤」によい感情をもつ傾向があります。

イギリスでも、英国王室のロイヤルカラーとしても有名な「青」は好まれる傾向にあります。

中国ではお正月や結婚式など伝統的な祝いの日は「紅（赤）」を飾ります。「紅」は中国で好まれる色のひとつです。ドイツ、ギリシャでも「赤」は愛の色と結びつけられます。

日本では「冠位十二階」の最高位の色である「紫」に対して、高貴な色として良質なイメージをもつ人がいます。

国によって好まれる色の傾向

フランスでは「青」や「赤」が好まれる傾向にあります。この2色は歴史的にも意味をもち、国旗にも見られる特別な色です。

中国では「紅（赤）」が好まれる傾向にあります。「紅（赤）」は幸せを運ぶ尊い色とされています。

タイで好まれる「黄色」はロイヤルカラーです。

オランダで「橙」を好む人が多いのは、「橙」はオランダの王室に由来する歴史的な意味をもつ色だからと考えられます。

冠位十二階の最上位色は「紫」で、日本で「紫」は高貴な人の象徴としてよいイメージをもたれる傾向にあります。

色の好みに影響を与えるもの❷

②応援するチームの色、推しの色

2023年、オーストラリアのサザンクロス大学の研究では、応援しているラグビーチームがある人は、チームカラーの色で表示されたポジティブな単語をより速く、正確に分類することができました。

好きなチームの色が、色への評価や認知に影響を与えることを示唆しています。

また日本でも、グループに所属する歌手やタレントが特定の色をメインカラーとして設定していることがあり、ファンは総じてその色を好意的に受け止めています。「推し色」が色の好みに影響を与えているのです。

③生物学的な影響と環境

生物として本能的にもつ色のイメージもあります。たとえば**「赤」は特別な色で、ポジティブとネガティブなメッセージがあります。**

男性が異性を評価するときに、相手の背景に赤い色があるとより魅力的に感じたり、ロマンティックな気分になったりすることがわかっています。

男性は赤い服の女性を見ると女性に対して評価が上がると同時に、赤に対してもよい印象をもつのです。赤い口紅に惹かれる男性もいます。

逆に、赤く鮮やかな色をもつキノコや魚、昆虫などは毒をもつことを連想し、嫌悪したり、遠ざけたりするようなことも起こります。

色の好みはここでもつくられる

応援するチームの色の影響

実験では応援するチームカラー（青）の反応スピードがライバルチームの色より上がったといいます。

推しの色の影響

推しのイメージカラーなどはファンの嗜好に影響を与えます。

生物学的な影響と環境の影響

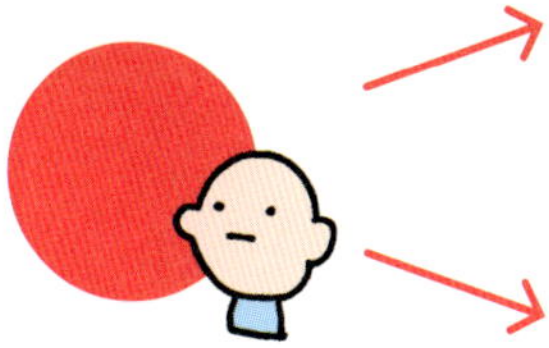

男性は「赤」を背景にした異性を見るとより魅力的に感じる、という研究も世界にはあります。

山や森で見つかる赤い色のキノコは毒キノコかもしれないと警告する色にもなります。

自分が身を置く環境が、女性と会いやすいか、キノコと遭遇しやすいかでも色の印象は変化します。

色の好みに影響を与えるもの③

④太陽光、照度

自然光の下で色を見ると、見る場所によって色の見え方が変わります。赤道を中心とした熱帯のエリアでは、太陽光は「赤」「橙」「黄色」といった色を帯びるようになり、彩度の高い暖色がより綺麗に見えて好まれる傾向にあります。

逆に赤道から離れた北部（南部）のエリアでは、青みが強い色が綺麗に見えて好まれます。

ただし、「南部＝みんな派手な色が好き」という単純な話にはならず、寒色を渇望するような嗜好傾向も見られることがあります。

⑤空気の透明度

空気中にある埃や水分が色の見え方を変えることもあります。北に位置していつも天候が悪く曇りが続くような湿度が高い場所では、色が濁って見えるようになります。そのエリアでは低彩度の色に慣れて、低彩度の色を好む傾向が出てきます。逆に反発して明るい色を求める嗜好も出てくることがあります。

⑥背景色

色は背景色によって見え方が異なります。美しい海の「青」が鮮やかに見える地中海沿岸のような場所と、アメリカのアリゾナの砂漠地帯のような場所では、色の見え方が異なります。

日本でも緑に囲まれた田園風景で見る色と、灰色のビルやアスファルトに囲まれた都市部で見る色は異なり、色の好みや印象は変わっていきます。

色の好みはここでもつくられる

太陽光、照度の影響

赤道近くでは太陽光は赤みを帯びているので、
暖色が綺麗に見えて好まれる傾向があります。
北のエリアでは太陽光は青みを帯びているので、
寒色が綺麗に見えて好まれる傾向があります。

空気の透明度の影響

天気が悪い場所では暗い色や寒色が好まれる一方、反発する色も好まれる傾向があります。

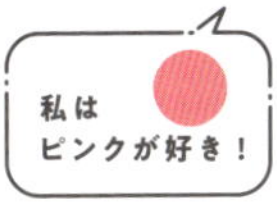

背景色の影響

背景の色の違いで色も異なって見え、
好まれる色も異なります。

日本では好きな色と性格が一致しやすい

◉好きな色がつくられる複雑なしくみ

色のイメージは過去の記憶とも結びつきます。人それぞれ、「過去に受けた色の印象」といった個々の経験が加わります。

たとえば、Aさんは「黄色」が好きです。本人も自覚がなかったのですが、その理由が過去に好意をもった人から「黄色の服がとてもよく似合うね」といわれたことだったという実例もあります。

こうした過去のエピソードや印象に「文化・宗教・歴史的な背景」「応援するチーム、推しの色」「生物学的な影響、環境の影響」、さらに住んでいる場所の影響である「太陽光」「空気の透明度」「背景色」などが加わる、じつに複雑なしくみがあるわけです。

◉高い確率で「あたる」理由

さまざまなものが影響するので、好きな色と性格の関係は個人差が強く出ると推測し、色のイメージが異なるために、診断は7〜8割程度の人にあてはまればよいとポーポーは考えていました。

ところが、「仮説・色と性格」を検証していくなかで、8割以上の高い数字で「あたっている」という感想をいただくようになりました。なかには「あたりすぎていてこわい」といわれることもありました。

どうしてこのように高い精度が出現するのか、その理由を考えると、そこには日本人（アジア圏）特有の背景が見えてきました。

まず日本は「宗教・歴史的背景」などの影響が

色の好みと性格が結びつきやすい理由

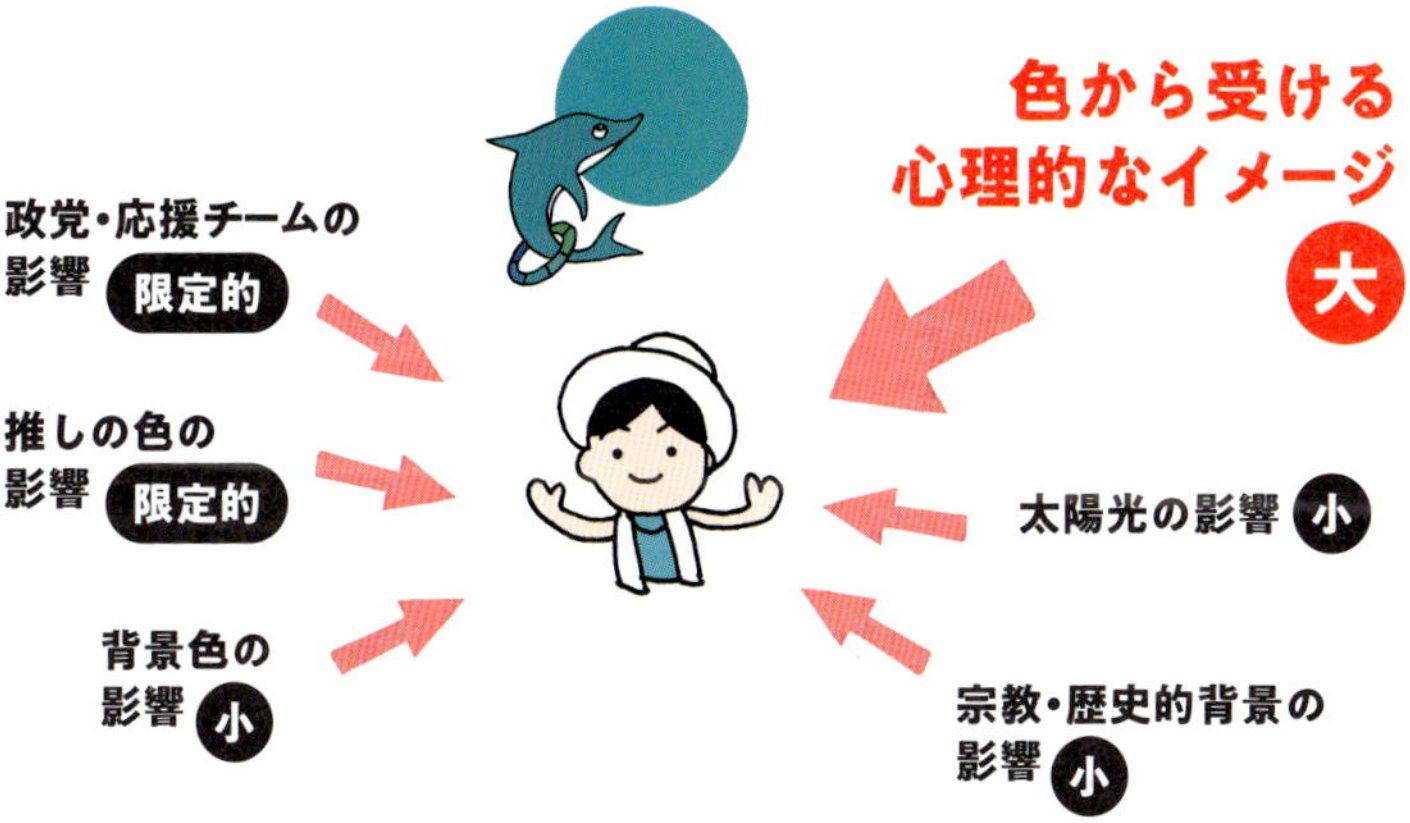

薄い国です。特定の宗教に属していても、色と関わるものが少ないと考えられます。色に関わる歴史的背景も強いものがありません。

「推しの色」などは最近の若い層を中心に増えてきましたが、全体で見るとまだまだ少ないと見積もれます。

アジアの土地柄、「太陽光」「空気の透明度」「背景色」の影響も限定的です。つまり、この地に住む人が経験した「過去に受けた色の印象」はあれど、純粋に「色から受ける心理的なイメージ」と性格が結びつきやすく、それが8割以上の高い数字で一致するような理由になったと考えています。

「万人が好む色」を調べていく過程でわかってきた特定の色と形から受けるイメージが一致していることからも、色に関する過去のエピソードの影響はあるものの、日本では「色と性格の関係」が率直に出やすいと考えられます。

色に反応しやすい人とそうでない人

◉色に反応しやすい人

個人の反応には差があり、「色に反応しやすい人」、「色より形に反応しやすい人」がいます。

シンプルに判断するならば、睡眠中に見る夢が、白黒やセピアなどの単色ではなく、カラーの人は、色に反応しやすい人といえます。日頃から色を意識することが多いと、カラフルな夢を見やすくなるからです。

また、みなさんは日常で何色ぐらいの色名を使うでしょうか。一般の人が日常で使う色名は、ほんの十数色です。ピンクを見て、このピンクは「薄い」「濃い」と区別したり、「ローズピンク」「撫子《なでしこ》色《いろ》」など固有色名などを使ったりする人は、色に敏感であるといえます。

◉色に反応しやすい人の特徴

色に反応しやすいと、色から受ける影響が強くなります。スマホカバーの色、服の色、鞄の色など所有物の色が変化すると、性格傾向も影響を受けやすくなります。

また結婚、転職など**環境変化による性格の変化によって、好む色も変わりやすくなります。**色に反応しやすいことは「よい」「悪い」ではなく個性のひとつです。

傾向として色に反応しやすい人は、男性よりも女性に多く、年齢も若いときのほうが反応しやすいといえます。おもしろいことに、生活環境を共にする家族同士は、反応しやすい、反応しにくいが一致する傾向があります。

色の好みと性格が結びつきやすい理由

色に反応しやすい人

色に反応しやすい人がいます。

夢をカラーで見る人は色に反応しやすい可能性が高いといえます。

色に反応しやすい人の特徴

色に反応しやすい人は、色の影響を受けやすいといえます。色から性格が影響を受けることもあります。

家族など同じ環境で暮らしていると「反応しやすい」「反応しにくい」などのタイプが似る傾向があります。

色に反応しやすい人は、男性より女性に多く、

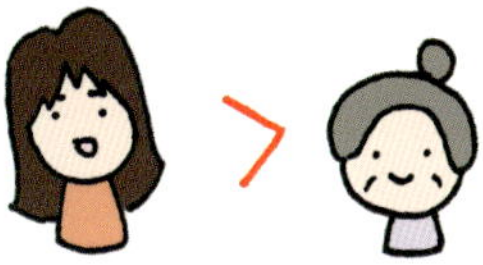

年齢も若いほうが影響を受けやすい傾向にあります。

暖色・寒色・中性色と性格の関係

◉ 暖色・寒色を好む人の性格

ＰＡＲＴ１では特定の色を好む人の性格を解説しましたが、色の傾向としてもう少し大枠でも、性格の傾向が見られます。

「赤」「橙」「黄色」など暖かく感じる色である「暖色」を好む人は、行動的な傾向があり、人間関係でも自分の考えをはっきりと主張できる傾向があります。いわゆる「外向的」な性格です。

好きな色を2色選んでもらった場合、2色ともに暖色である場合は、この外向的な性格はまるで強化されたように強く出ます。

「青」「青紫」など寒く感じる「寒色」を好む人は、家で本を読んだり動画を見たりするなど、ひとりで過ごすことを好む「内向的」な性格傾向が見られます。人間関係でも人の意見を優先する協調性が見てとれたり、自分の意見を伝えられない人が多い傾向にあります。

好きな色を2色選んだ場合、2色ともに寒色である人は、この内向的な性格が強く出てきます。

◉ 中性色の性格傾向

暖色と寒色の中間に位置する色を「中性色」といいます。中性色が好きな人は、外向的、内向的の両面をもっているなど、独自の性格傾向があります。中性色の代表色である「緑」を好む人は、外向的（行動的）要素と、内向的（思考的）要素の両方をもっています。「紫」も両面的な要素があり、「赤紫」を好むと外向的な性質が強く出ますし、「青紫」を好む人は内向的な性質が強く見られます。

暖色・寒色・中性色の違いで、性格傾向も変わる

暖色を好む人の性格

２色とも暖色を好む人はより外向的な性格だと思われます。

暖色を好む人は外向的な性格傾向。

寒色を好む人の性格

２色とも寒色を好む人はより内向的な性格だと思われます。

寒色を好む人は内向的な性格傾向。

中性色を好む人の性格

内向的性質と外向的性質の両方があると思われます。

中性色を好む人は両方の性質が見られます。

明度・彩度と性格の関係

◉ 明度の違いと性格

「赤」「黄色」「緑」という色相だけでなく、明度差と性格の関係もあります。**明度の高い色（薄いピンク・ベージュなど）を好む人は、色相に関係なく繊細な傾向、優しい性格傾向があります。**

「薄いピンク」は「赤紫（赤）」といった外向的な色の明度を高くした色ですし、「水色」は「青」といった内向的な色の明度を高くした色ですが、「薄いピンク」「水色」ともに繊細な傾向、優しい性格傾向が見られます。

明度が下がっていく（暗くなっていく）と、内向的な性質が高まる色があります。ただ、明度が低くても「ワインレッド」などは外向的な性質をもっているケースもあります。「黒」を好む人も単純に内向的とはいえません。

◉ 彩度の違いと性格

色鮮やかな高彩度の色を好む人ほど外向的な性格になります。鈍い低彩度を好む人ほど内向的な性格傾向が見られます。「濃いピンク」などは「ピンク」と呼ばれているので、繊細傾向が強いと思われますが、彩度が高い（色鮮やかな）ピンクになると、外向的で繊細とはいえない性格になってくるのです。

色相・明度・彩度をまとめて考えてみると、たとえば暖色は外向的要素が高く、その中間的な明度は外向的な要素があり、その高い彩度は外向的な要素が高まります。3つの条件が揃う「赤」が特に外向的な色なのは、理にかなっているのです。

明度・彩度の違いで性格傾向も変わる

明度の違いと性格

個性的な色も明度が高くなると、全体的に同一の「優しい」イメージになります。

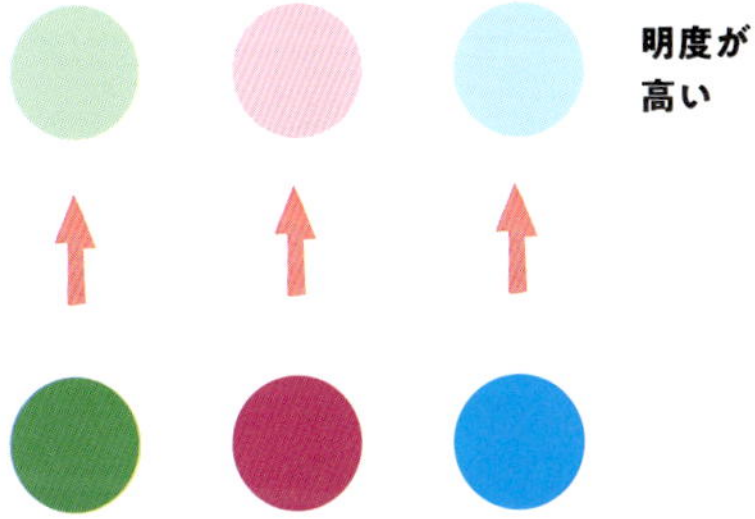

明度が低くなると内向的な性質が高まる色もあります。低明度の色のイメージは少し複雑といえます。

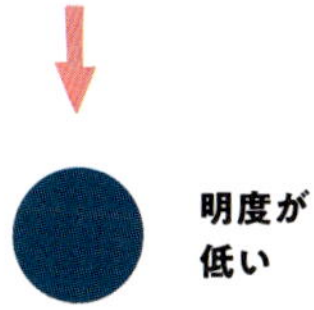

彩度の違いと性格

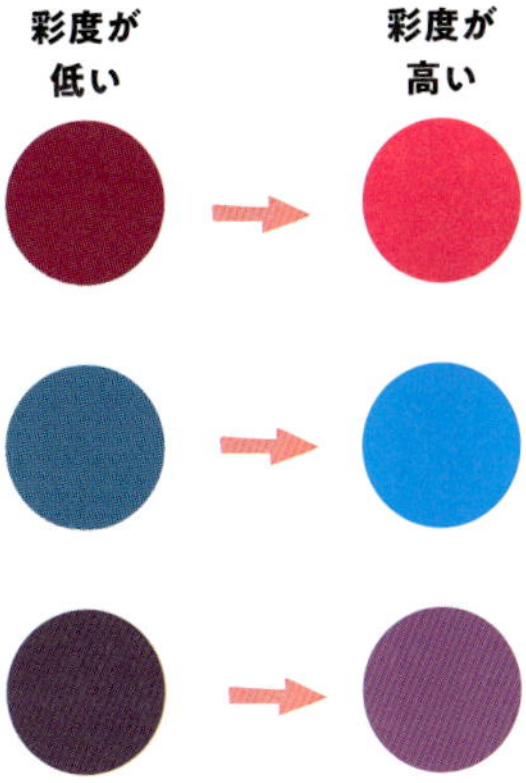

暖色でも寒色でも彩度(色の鮮やかさ)が高い色を好む人は、外向的な性格傾向が見られます。
ただし、色によって強く出る色と出ない色があります。たとえば「紫」は彩度が上がっても、外向的な人に好まれるわけではありません。

最新データから見る好きな色の変化・傾向❶

◉好きな色の調査について

好きな色と性格に相関関係があるということは、**色の好みの変化を探ることで、人の性格傾向の変化を知ることができます。**好きな色の調査はネットや雑誌などでよく行われていますが、選択式なのか(色はいくつあったのか)、記述式なのか、色のサンプルを見たのかなどで変化してしまうので、複数の調査を単純に比較できません。

ポーポーが複数回行ってきた調査（記述式・選択式）では、女性の好きな色は「ピンク」が毎回1位でした。そして「青」「白」「緑」「赤」が上位に入ります。男性の1位は「青」で、「緑」「黒」「赤」などの色が上位になります。世代的には若い人は鮮やかな色を好む傾向があり、シニアになると落ち着いた色彩を好む傾向があります。

◉「紫」人気の高まり

2010年代に入ると女性が好む色として「紫」の人気が上昇してきました。もともと「紫」は高貴な色としてよい印象をもつ人はいましたが、過去の色の嗜好調査では「紫」は上位に入ってくることはありませんでした。

しかし近年の調査では、特に女性の「紫」人気は目を引きます。

人気の理由として考えられるものは2つ。ひとつは女性向けアニメやヒロインものに「紫」の色が取り入れられるようになってきたこと。もうひとつは環境変化に伴う不安感、二面的な性格変化が紫を好む傾向として出ている可能性です。

時代による色の好みの変化

あなたの好きな色はなんですか？

好きな色の調査は、調査方法で変化しますが、
おおむね以下の通りです。

好きな色の調査について

男性　1位　「青」
上位に
「緑」「黒」「赤」などが入る

女性　1位　「ピンク」
上位に
「青」「白」「緑」「赤」などが入る

特に過去の調査では
女性の「ピンク」人気は圧倒的なものでした

「紫」人気が高まる理由

「紫」の人気が高まってきた大きな理由として
考えられるのは……

アニメのヒロインに紫のカラーが取り入れられて人気になってきたこと

不安定な環境変化に伴い不安に感じる人が増えてきたこと

最新データから見る好きな色の変化・傾向 ❷

◉「ピンク」に代わる「水色」と「藤色」

さらにここ数年の変化として、若い世代を対象とした色の評価の調査では、女性が好む色として「ピンク」を超える形で「水色」や「藤色」といった色を評価する人が増えてきました。

今までの圧倒的な「ピンク」の人気が崩れ、さらに好みの色が分散、多様化していることがうかがえます。「水色」「藤色」は明度の高い色であり、多くの人が繊細化している傾向が見えてきます。

また、「ピンク」という暖色高明度ではなく「水色」といった寒色高明度が上昇していることからも、より内向的な繊細傾向が見えてきました。コロナ禍、オンライン化による人との接触機会の低下も影響があると思われます。

◉個性的カラーが人気

「紫」の人気に続き、「青緑」「黄緑」といった個性的な人に好まれる色も人気になっています。これは個性的な人が増えたというだけでなく、「個性的でありたい」「他の人とは違うことをしたい」という願望の表れも含まれているのではと見ています。

日本人は、「自分は価値がある」と考える自尊感情が著しく低い傾向があります。**他人と異なる個性的な人でありたいという思いが、好む色としても出てきているのではないかと感じています。**特に「青緑」は抑圧された状態からの解放感を求める色でもあり、「赤」や「橙」といった王道の行動的色ではなく、控えめでありながらも、自分を出していきたい感情がある色になります。

好まれる色の変化から読み解く

「ピンク」に代わる人気色

「藤色」や「水色」の人気が高くなってきています。

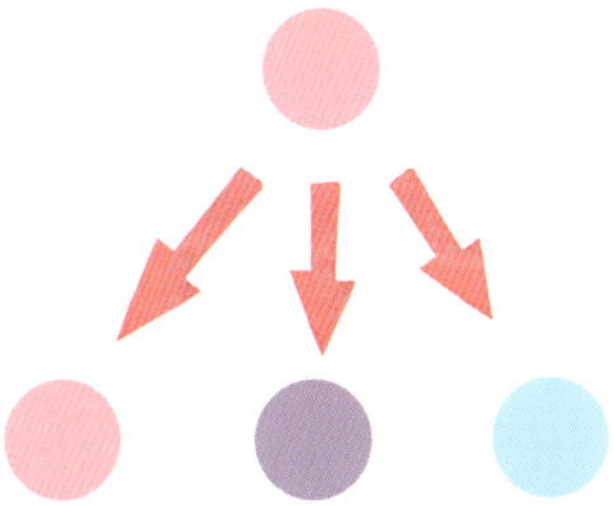

明度の高い「藤色」「水色」が多くの人に好まれるということは、多くの人が繊細化している傾向があると考えられます。

「藤色」が好き　　「水色」が好き

個性的な色にひかれる理由

個性的な色である「青緑」「黄緑」を好む人も増えてきました。

「自分に価値がある」と考える自尊感情が低い人が増え、自分の個性を出したい、個性的でありたいという思いが投影されているのかもしれません。

人生で色の好みは変化する

◉色の好みの変化と環境変化

人の「色の好み」は環境変化や時間と共に変わることが認められます。ここにも個人差があって、簡単に色の好みが変わる人、安定していて変わりにくい人がいます。色の好みは性格と強く結ばれているので、「性格の変化」が「色の好みの変化（の契機）」になることが多くあります。

主な変化理由は「生活環境の変化」です。

みなさんもこれまでの人生で、好きな色が何度か変わってきていると思いますが、色の好みが変わってきたタイミングを考えると、何か環境の変化があったものが多いのではないでしょうか。

心理学では性格の変化は発達の過程とも考えられています。毎日変化したり、突然、まったく違う性格に変化したりするものではありませんが、日々の経験によって次第に変化・成長しているものであります。

性格の変化は自分ではなかなか気づきにくいのですが、色の好みの変化はもう少しわかりやすいと思います。**色の好みを通して、自分の性格が変わってきたことを振り返ることもできます。**色は自分を知る道具にもなるのです。

◉「ピンク」の印象が妊娠・出産で変わることも

また、女性の色の好みが大きく変わりやすいタイミングが「妊娠・出産」です。「ピンク」は女性に好かれる上位の色ですが、逆に嫌いという人も多くいます。ところが妊娠・出産を契機に、「ピンク」の色を受け入れて好きになるケースが目立ちます。

環境変化と色の好みの変化

社会人１年目
「黄色」が好き
大学時代
「深い青」が好き

色の好みは変わります。
環境の変化で、変わることが多く、好みの変化を知れば、性格変化を見ることができます。自分を知る道具としても使えます。

妊娠・出産がきっかけで、性格傾向が変化する人もいます。

子育て関連用品などに使われる「ピンク」のような優しい色に触れる機会が増え、優しい性格に変化していきます。

逆にイライラするようになったり、頼れるお母さん的な強い性格になる人もいます。

複数の色の好みに本当の性格が表れる

◉ 単色では十分に語りきれない性格

色の好みからわかる性格傾向は、単色での評価でも高い相関関係が得られましたが、まだ不十分だと思います。なぜなら、**複数の色を好む人が圧倒的に多いからです。**また、複雑で多様な性格を表現するのに、「好きな色2色」を使った診断はさらに精度が高まることがわかってきました。

たとえば「紫」が好きな人でも、次に好きな色として「赤紫」を選ぶ人と「深い青」を選ぶ人では性格傾向が少し異なります。「紫」好きには冷静と情熱の二面性をもつ人が多く、感覚が研ぎ澄まされている感覚派です。この性格に「赤紫」が加わると、より感覚的な部分が強調された性格になります。「深い青」が加わると不安定な部分や深くものごとを考える部分が強化され（もともと強いから、そういう色を選ぶという考え方も）、落ち込むことがあると深く沈むタイプになります。

このように複数の色の好みを聞くことで、単色では十分に語りきれない性格、本当の性格が見えてくるわけです。

◉「バーナム効果」の影響も考える

単色による性格診断が高い評価を得られたのはもうひとつ理由があります。それが「バーナム効果」です。診断や占いなど、一般的な内容が書いてあっても、それを自分だけの固有のものと感じてしまう心理効果で、評価が甘くなってしまうものです。

なので、評価が高い＝正しいと考えないで、さらに深く探究していく必要があると考えています。

複数の色から本当の自分が見えてくる

単色より複数色を好きな人が多い

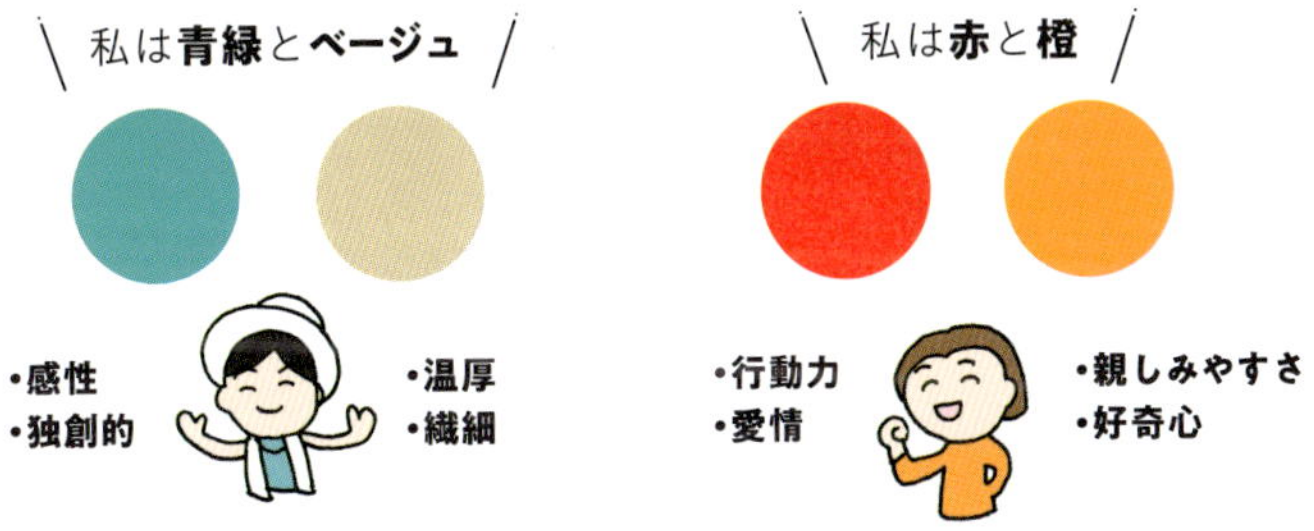
私は**青緑**と**ベージュ**
・感性
・独創的
・温厚
・繊細
私は**赤**と**橙**
・行動力
・愛情
・親しみやすさ
・好奇心

人は複数の色を好むことが多い傾向にあります。それは１色だけでは人の複雑な性格を表せないからです。

１番好きな色の次にどんな色を好むかでも
性格に違いが出てきます

たとえば「紫」が好きな人が次に選ぶ色は……

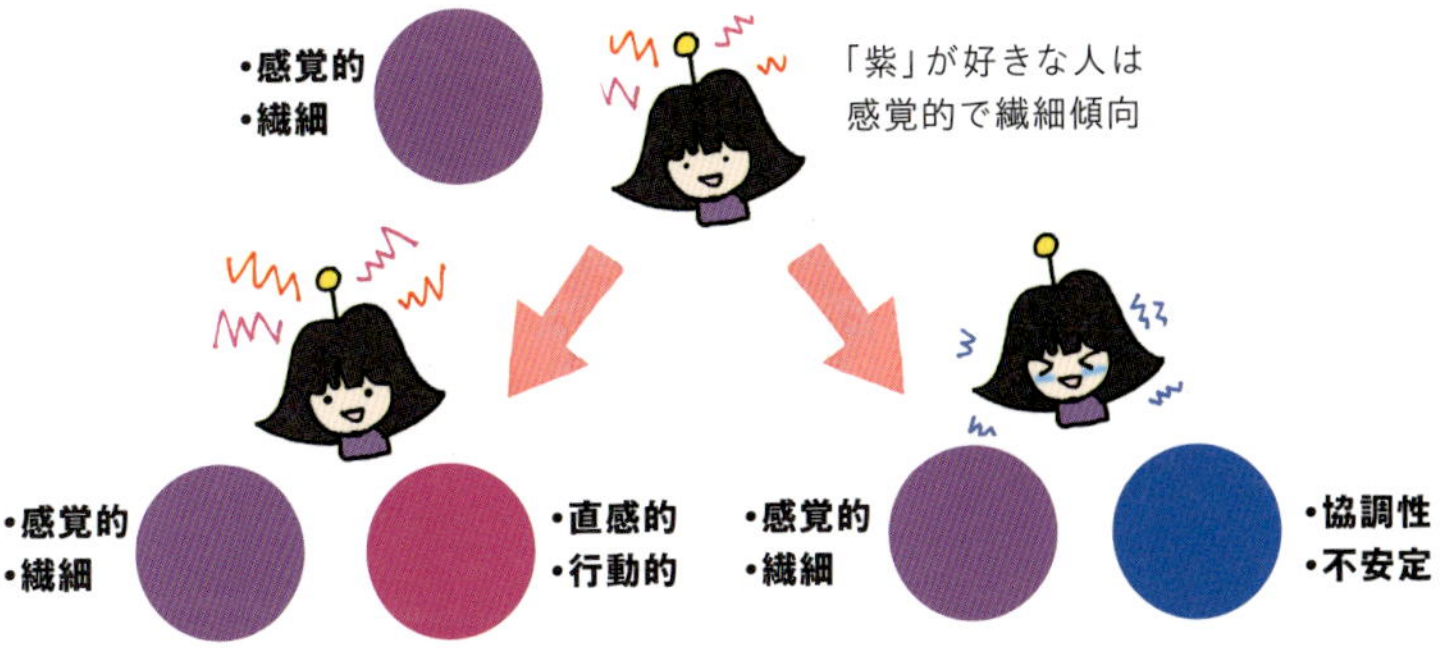
・感覚的
・繊細
「紫」が好きな人は
感覚的で繊細傾向
・感覚的
・繊細
・直感的
・行動的
・感覚的
・繊細
・協調性
・不安定

次に好きな色として「赤紫」を選ぶ人は、より感覚的な性格

次に好きな色として「深い青」を選ぶ人は、不安定な部分もある性格

各色の「心理イメージワード」を活用する❶

◉「心理イメージワード」とは

複数の色から性格を診断することで精度が上がりますが、実際の診断方法は複雑になります。

多くのサンプルを整理して複数の色の好みと性格の関係を精査していく過程で、あることに気づくようになりました。

「橙」が好きな人は、「元気で陽気で親しみやすい」人です。これは橙が好きな人に見られる共通の性格ですが、「仲間意識が強く集団行動を好む」「競争心が強い」人がいることもわかってきました。競争心があることを自覚している人は少ないのですが、多くの人にあるもので、強さは異なりますが、まったくないというケースはとても稀に思えました。

この「競争心」というものがまるで心のなかに変数のように存在し、大きい人もいれば、少ない人もいる。そう考えるとわかりやすくなりました。この変数を言葉として抽出したのが「心理イメージワード」です。

◉端的に性格特徴がつかめる

心理イメージワードはＰＡＲＴ１の各性格の説明のところにまとめてあります。5つありますが、まずは上位の3つに注目してみてください。その色が好きな人の性格傾向が端的にわかります。

「橙」が好きな人の心理イメージワードは「親しみやすい」「集団行動」「競争心」です。この言葉に注目すると複数の色についても性格の傾向がわかります。このワードを利用することで、複数の色の性格傾向も簡単に理解できるようになります。

心理イメージワードから診断する考え方

このような性格傾向があることがわかり、各色の心のなかにあるこうした性格傾向を端的にまとめたワードが「心理イメージワード」です。PART 1、またP.88以降で出てきますので、ぜひ参考にしてみてください。

橙の心理イメージワード

親しみやすい
集団行動
競争心
好奇心
人間性

各色の「心理イメージワード」を活用する❷

◉ 単色から性格を調べる

単色から性格傾向を端的に知りたい場合は、心理イメージワードを見てください。「薄いピンク」が好きな人のワードのうちの3つは「繊細」「優しい」「恋愛願望」です。この3つを見るだけで性格が見えてきます。

◉ 複数の色から性格を調べる

「薄いピンク」と「藤色」が好きな人の性格を例に考えてみましょう。

「藤色」が好きな人のワードのうちの3つは「繊細」「創造的」「感性豊か」です。「薄いピンク」にこのワードを加えて診断します。合計6つのワードは「繊細」「優しい」「恋愛願望」「繊細」「創造的」「感性豊か」になります。「繊細」が重複していますね。つまり「繊細」が強化されて強く出ることになります。

「薄いピンク」と「藤色」が好きな人は、より繊細で優しく恋愛願望がある人もいて、創造的で感性豊かな性格となるわけです。

数式が得意ならば、数式化して少し論理的に捉えてもよいでしょう。

心理ワードを関数と考えます。性格を求めるのに「性格＝ⓐ繊細＋ⓑ優しい＋ⓒ恋愛願望＋ⓓ繊細＋ⓔ創造的＋ⓕ感性豊か」という式をつくります。このa、b、cという係数には個人差があるので、その係数（大きさ）を考えていけば、よりリアルな性格像が見えてきます。各係数は大きい、小さいはありますが「ゼロ」というケースは稀です。慣れた方はそれぞれワード5個＋5個で考えてみましょう。

本書で紹介する「心理イメージワード」とは

単色から性格を調べる

薄いピンクの心理イメージワード（3つ）
繊細
優しい
恋愛願望

心理イメージワードを見れば、その色が好きな人の性格傾向が端的に理解できます。

複数の色から性格を調べる

薄いピンクの心理イメージワード（3つ）
繊細
優しい
恋愛願望

＋

藤色の心理イメージワード（3つ）
繊細
創造的
感性豊か

【薄いピンク＋藤色】性格

＝ⓐ繊細＋ⓑ優しい＋ⓒ恋愛願望＋ⓓ繊細＋ⓔ創造的＋ⓕ感性豊か

こうした式をつくり、「a」「b」といった係数の大きさを求めるとわかりやすくなると思います。個人差があって、たとえば「b」が小さい人、「e」が大きい人などがいます。

「薄いピンク」にも「藤色」にも「繊細」の心理イメージワードがあります。そのためこの2色を好む人は「繊細」傾向が強いことがわかります。

複数の色から「本当の自分」を調べる

◉ 複数の色から性格を調べる

では色ごとに、どんな色と色が組み合わさると、どんな性格になるかを見ていきましょう。一般的な性格診断では、5通り、10通りといったものが多いですが、この好きな色を2色組み合わせたシステムでは、1番好きな色が23色、2番目に好きな色が22色とすると506通りの組み合わせがあります。**この多彩さが、性格の多様性を表現しており、同時に心理イメージワードを使うことで、簡単に導き出すことができます。**

また1番好きな色と2番目に好きな色が逆転する場合、例「赤が好き」×「橙が好き」と「橙が好き」×「赤が好き」な人は、少し違っているところもあるので、その違いが明確なものに関しては紹介していきたいと思います。

506通りすべての組み合わせは紹介できませんが、代表的な色15色を中心に、23色の組み合わせ、200通り以上の組み合わせ例を紹介していきます。

◉ 診断ページの読み方ポイント

・心理イメージワードに似たものがあるものは、その性格が強く出てくる。まるで相乗効果のように見える。逆に打ち消し合うものもある。

・人によってワードにある性格因子の強さや大きさが異なる。その大きさを考えてみる。

・性格ではなく、願望が隠れている場合がある。見えにくい願望を見つけるのにも役立つ。特に2番目に好きな色は、自分の性格投影でなく、こうなりたいという「願望」として出現することがある。

複数の色に本当の性格が表れる

水色		紫
創造的 感性豊か 分析的 優しい 繊細	×	感覚的 二面性 創造的 繊細 孤独感

似たものや同一なものがあると、その性格が強く見られる傾向があるよ

保守的な「ベージュ」が好きな人にとって、「行動しなくちゃ」という気持ちから2番目に好きな色として「赤」を求めることなどもあります。

ベージュ		赤
温厚 保守的 母性的 忍耐力 繊細	×	行動的 正義感 愛情 努力家 わがまま

心理イメージワードは
Part 1の各色の
基本性格にあるよ！

紹介ページ数に差があるのはどうして？

P.88からは各色からわかる性格傾向について解説していきます。

赤・薄いピンク・橙・黄色・緑など

好きな色の上位に入り、かつ性格傾向に関してデータが十分に取れているものは6ページを使って紹介します。

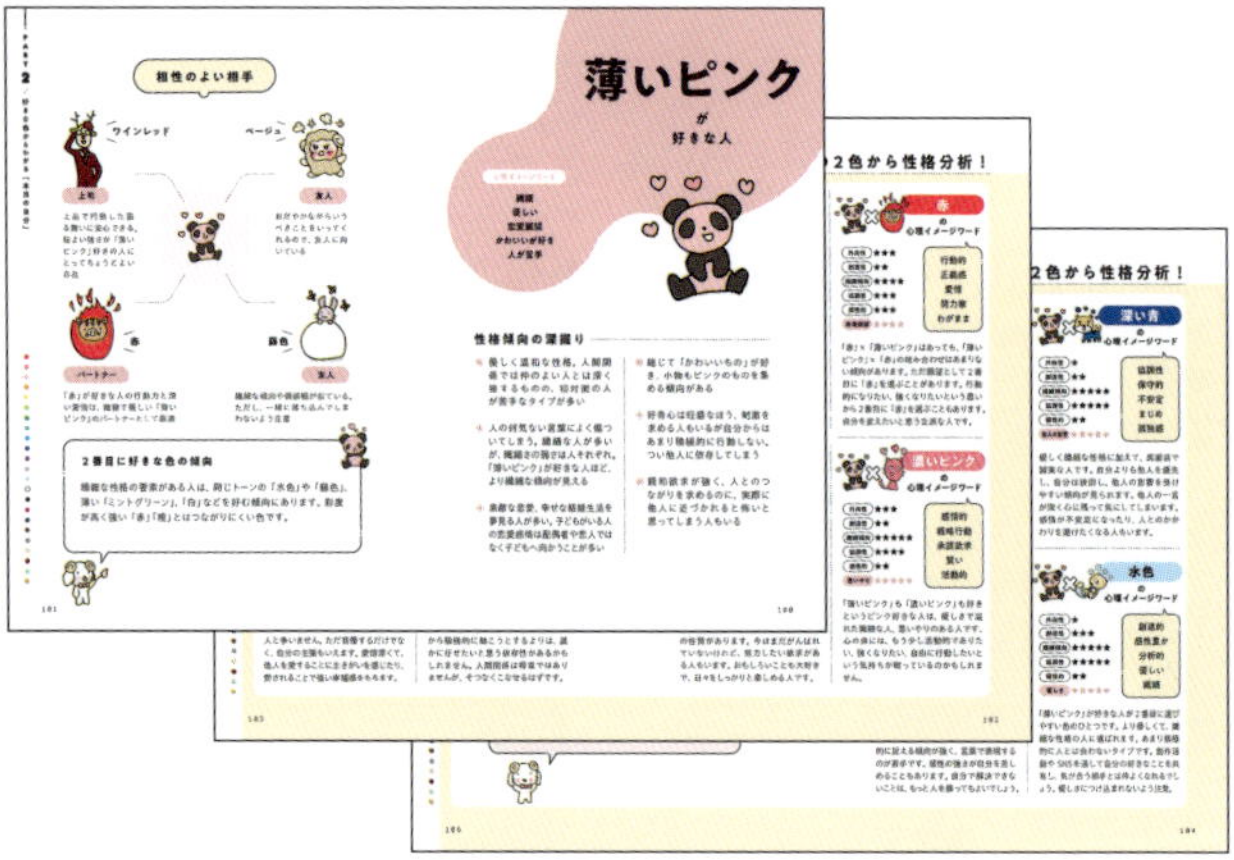

水色、ベージュ、ワインレッドなど

最近の人気色など収集したデータが上記のカラーほど揃っていないので、特徴的なものに絞り4ページでまとめています。

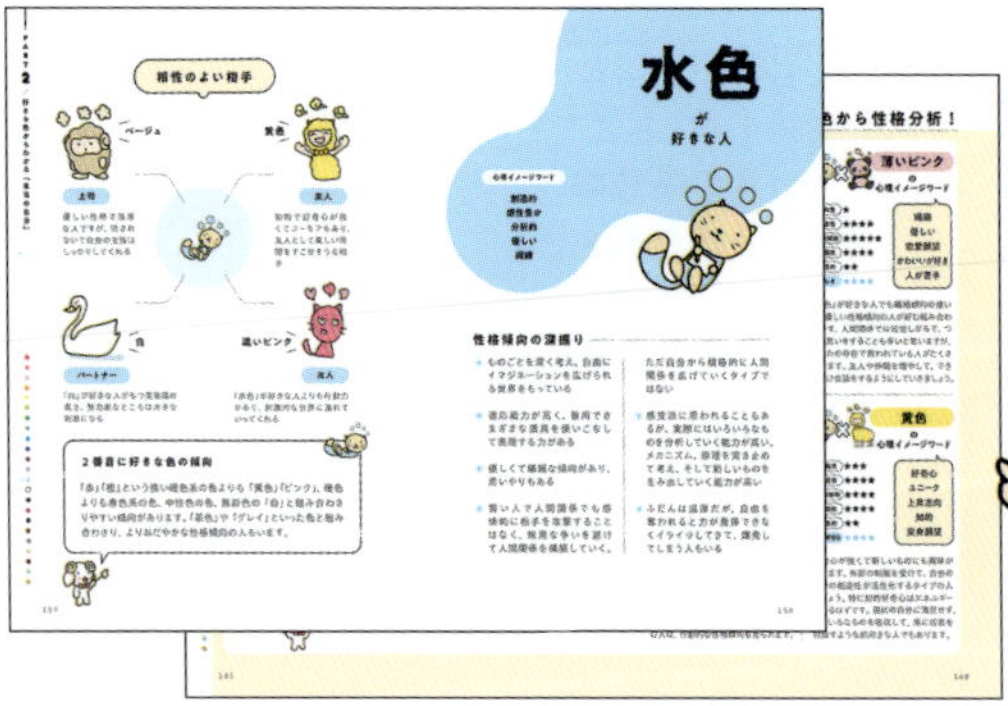

好きな色に隠された秘密

・1番目に好きな色

その人の性格傾向がストレートに出ているもの。

・2番目に好きな色

1番好きな色を補完する要素に加えて、「願望」「防衛心」「癒し」などの感情が出てくることがある。そのため、2番目に好きな色も注目したい。

・なんとなく気になる色

気分によって選ばれる色。「好き」の予備軍になっているケースや、最近の「願望」が出てくることがある。

選んだ2色の組み合わせが本書になかったら

好きな色の「心理イメージワード」を組み合わせて色をつくってみましょう。たとえば「水色」と「薄いピンク」が好きな人の性格は、

【水色】が好きな人の性格

＝ⓐ創造的＋ⓑ感性豊か＋ⓒ分析的

【薄いピンク】が好きな人の性格

＝ⓓ繊細＋ⓔ優しい＋ⓕ恋愛願望

これを合わせてできる性格が「水色」と「薄いピンク」が好きな人の性格。この係数の大小を考えることでまるで数学のように性格を論理的に求めることができます。

各係数の大きさ（強さ）は個人差があります。たとえばaが強く出ているとか、fが小さい……などと考えます。自分の好みの組み合わせがなかったら、このように考えてみてください。

心理イメージワードから性格式をつくる練習

P.85の考え方で23×22通りのどんな組み合わせでも性格診断が可能です。

1番目に「白」を選んだ人

心理イメージ／「努力家」「美意識」「演技派」

性格＝ⓐ努力家＋ⓑ美意識＋ⓒ演技派

努力家でストイック、美意識が高く、大袈裟に演技する人もいます。

2番目に「濃いピンク」を選んだ人

心理イメージ／「感情的」「戦略行動」「承認欲求」

性格＝ⓓ感情的＋ⓔ戦略行動＋ⓕ承認欲求

心が動きやすくて、よりよくみられようと戦略的に行動する人も。
承認欲求が強い人もいます。

ポイント❶

2つの式を書いて合算すれば性格傾向が簡単にわかります。

性格＝ⓐ努力家＋ⓑ美意識＋ⓒ演技派
＋ⓓ感情的＋ⓔ戦略行動＋ⓕ承認欲求

係数に着目して、強く出る性格要素と弱く出る性格要素を考えます。

ポイント❷

合算によって影響を及ぼす組み合わせを考えます。

性格＝ⓐ努力家＋ⓑ美意識＋ⓒ演技派
＋ⓓ感情的＋ⓔ戦略行動＋ⓕ承認欲求

認めてもらうために努力を惜しまない性格、
特に美の部分で認めてもらいたい性格なのが推測できます。

ポイント❸

慣れてきたらワードを5つに増やしてみましょう

性格＝ⓐ努力家＋ⓑ美意識＋ⓒ演技派
＋ⓓ完璧主義＋ⓔ引き立て上手
＋ⓕ感情的＋ⓖ戦略行動＋ⓗ承認欲求
＋ⓘ賢い＋ⓙ活動的

すると活動的に努力をする人だったり、戦略的に完璧を目指す人かもしれないのが見えてきます。どれとどれが結びつくかは、自分の性格傾向を知っている自分だからこそわかる部分もあると思いますし、そういうところが診断のおもしろいところでもあります。

同じ心理ワードは同じ性格？

同じ心理ワードはまったく同じ性格の要素を示しているかというと、そうではありません。たとえば「創造的」は、その意味するところが少し異なります。

「創造的」

「創造的」

「創造的」

「創造的」

「明るい青」が好きな人の「創造的」は自己表現としての創造性。
「水色」が好きな人の「創造的」は分析的な創造性で、
物事を改善するためによく使われます。
「紫」が好きな人の「創造的」は抑圧と解放のなかで
生み出されるアートよりの創造性。
「黄緑」の「創造的」は他人と違う、ものをつくりたい
というなかで生まれてくる創造性です。

赤が好きな人

心理イメージワード

行動的
正義感
愛情
努力家
わがまま

性格傾向の深掘り

- 行動的で正義感があり、愛情深く、努力家でもあるリーダータイプ
- 自分の気持ちを発信していける。「いいたいこと」がいえる
- 自分の思いのままに行動する人もいて、強引さが周囲の人に煙たがられることもある
- 「正義感」は見落とされがちな性格傾向で、自覚しにくいもの。しかし、ニュースやSNSでルールを守らない人にイラッとするのはその正義感の影響かもしれない
- 「赤」が好きなのに行動的でない人、努力をしない人は「赤」の強さと行動力に憧れている「願望」の可能性が高い
- 孤独感があり、愛情や優しさを求めている人や、表舞台で活躍したいと思っている人も憧れから「赤」を選ぶこともある

相性のよい相手

金

上司

「金」が好きな人の強さ、面倒見のよさは、「赤」が好きな人を救ったり、規範になったりする

橙

友人

「赤」と似ている性格で一緒に行動できる。さらに、自分に不足している集団性をカバーしてくれる

黒

パートナー

「赤」が好きな人の性格のよいところを引き出したり、「赤」の自由さを受け止めてくれる

明るい青

友人

「明るい青」が好きな人のもつ協調性が勉強になったり、創造性に助けられることも多い

2番目に好きな色の傾向

強い外向的な性格の人は、外向的な性質がある「橙」「黄色」「赤紫」といった色を求めます。赤は繊細傾向も協調性もあまり高くないので、繊細な要素や協調傾向もある人は、2番目に薄い色を選んだり、青系を選んだりして性格を補完しようとします。

赤 × 2番目に好きな色 の2色から性格分析！

橙 の心理イメージワード

外向性	★★★★★
創造性	★★
繊細傾向	★
協調性	★★★
個性的	★★★★★
メンタル超人	★★★★★

親しみやすい
集団行動
競争心
好奇心
人間性

外向的な人、行動的な人が選ぶ組み合わせです。「赤」は単独での行動力が強く出るのですが、「橙」が加わることで、単独でも集団でもOKのタイプになります。愛情や仲間を大切にし、強い外向性をもっています。人間性も高く、落ち込みにくいメンタルの強さも目立ちます。

濃いピンク の心理イメージワード

外向性	★★★★★
創造性	★★
繊細傾向	★★
協調性	★★
個性的	★★★★
賢明さ	★★★★

感情的
戦略行動
承認欲求
賢い
活動的

外向的な要素は強いですが、何も考えないで突っ走るような性格ではありません。「濃いピンク」が好きな人の性格に見られる賢い部分が出て、賢明な判断ができる頭のよい人です。心が動きやすく、愛情深く、認めてもらいたい感情もあります。人間らしい愛らしい人です。

黄色 の心理イメージワード

外向性	★★★★★
創造性	★★★
繊細傾向	★
協調性	★★★
個性的	★★★★
リーダー資質	★★★★★

好奇心
ユニーク
上昇志向
知的
変身願望

明るい性格でリーダーの資質がある人です。知的で上昇志向もあります。「黄色」のユニークな部分が強く出ると、おもしろくて楽しい性格であり、人が集まってくる人でしょう。好奇心が強い人は、「赤」の努力家の一面と重なることが多く、成長力のある魅力的な人です。

薄いピンク の心理イメージワード

外向性	★★★★
創造性	★★
繊細傾向	★★★
協調性	★★★
個性的	★★★★
共感能力	★★★★

繊細
優しい
恋愛願望
かわいいが好き
人が苦手

「赤」の強い性格に加え、「薄いピンク」の優しい性格、繊細な部分が加わっています。情熱的に活動する部分と、相手に共感したり、相手の感情を大事にしたりしながら行動できる優しい面があります。人間関係は少し苦手な傾向があります。

赤が好きな人

青緑の心理イメージワード

- 外向性 ★★★★
- 創造性 ★★
- 繊細傾向 ★★
- 協調性 ★★
- 個性的 ★★★★
- 謎に満ちた存在 ★★★★

秘密主義
感性豊か
控えめ
解放感
独創的

行動的な性格に加え、想像力が豊かで感性豊かな心ももつ人でしょう。なかには、控えめで家にいるのが好きというタイプの人もいます。内面は見せない、謎に満ちた個性的なキャラが立って、独創的で唯一無二な印象に残る人でもあります。

黄緑の心理イメージワード

- 外向性 ★★★★
- 創造性 ★★★
- 繊細傾向 ★
- 協調性 ★★
- 個性的 ★★★★★
- 不思議な魅力 ★★★★★

個性的
観察力
創造的
才能豊か
論理的

外向的な性格かつ、観察力ももち合わせている性格で、人間関係は得意だと思われます。才能豊かな人であり、個性的な人でもあります。チャレンジ精神も強く、他の人と同じように評価されることを嫌うでしょう。不思議な魅力をもった人でもあります。

明るい青の心理イメージワード

- 外向性 ★★★★
- 創造性 ★★★
- 繊細傾向 ★
- 協調性 ★★★
- 個性的 ★★★★
- 愛情深さ ★★★★

協調性
愛情
創造的
自己表現
自立心

行動的な性格に協調性が加わった性格です。「赤」が好きな人、「明るい青」が好きな人、どちらの心理イメージワードにも「愛情」があるように、愛情深い人であると思われます。人間関係も上手で多くの人と仲よくなれます。物事を改善しながら、進めていけるバイタリティもあります。

緑の心理イメージワード

- 外向性 ★★★★
- 創造性 ★★
- 繊細傾向 ★★
- 協調性 ★★★
- 個性的 ★★★★
- バランス感覚 ★★★★

調和
癒し的
個人主義
平和主義
まじめ

外向的で人との争いを好まず、平和的に問題を解決しようとする人です。まじめな性格でもあります。調和のとれる、バランスタイプの人といえるでしょう。「緑」のもつ「じつは我の強いところ」が出ると、集団よりも個人の単独行動を好む「自由人」になります。

赤 × 2番目に好きな色 の2色から性格分析！

紫 の心理イメージワード

- 外向性 ★★★
- 創造性 ★★★
- 繊細傾向 ★★★
- 協調性 ★★
- 個性的 ★★★★★
- 感受性 ★★★★

感覚的
二面性
創造的
繊細
孤独感

鋭い感覚をもった人に好まれる組み合わせです。感受性が強いので、「紫」の神秘的な部分や創造性豊かな部分に魅力を感じているのかもしれません。また、強い孤独感が「紫」を取り込もうとすることがあります。「赤」と「紫」を同時に使いたいと思う人は、刺激的なものを求めている性格が見えます。

深い青 の心理イメージワード

- 外向性 ★★★
- 創造性 ★★
- 繊細傾向 ★★
- 協調性 ★★★
- 個性的 ★★★
- 孤独感 ★★★★

協調性
保守的
不安定
まじめ
孤独感

組み合わさることは稀な色ですが、自分の行動力が心配で、暴走しないように気にしていると、「深い青」を求める傾向が見られます。また、孤独感が強いと「深い青」や「紫」を求める傾向があります。ネガティブな気持ちが強いなら、「明るい青」を取り入れるようにしましょう。

藤色 の心理イメージワード

- 外向性 ★★★
- 創造性 ★★★
- 繊細傾向 ★★★★
- 協調性 ★★
- 個性的 ★★★★
- 隠れ繊細さ ★★★★

繊細
創造的
感性豊か
人見知り
感覚的

「紫」と似て、鋭い感覚をもった人に好まれる組み合わせですが、「藤色」との組み合わせを好む人のほうが繊細傾向は強いといえるでしょう。本人が自覚している以上に繊細な部分をもっています。人付き合いは苦手で、人を気にして、思ったほど動けないこともあるかもしれません。

水色 の心理イメージワード

- 外向性 ★★★
- 創造性 ★★★
- 繊細傾向 ★★
- 協調性 ★★★
- 個性的 ★★★★
- 優しさ ★★★★★

創造的
感性豊か
分析的
優しい
繊細

はっきりとした性格の人に好まれる「赤」と優しく繊細な人に好まれる「水色」は、珍しい組み合わせです。「水色」の優しさや感性的な部分に惹かれている可能性が高く、「赤」が好きな人の中でも優しい人や感性豊かな人であると思われます。

黒の心理イメージワード

外向性	★★★★★
創造性	★★
繊細傾向	★
協調性	★★
個性的	★★★★★
賞賛獲得欲求	★★★★

防衛心
不安感
威圧的
聡明さ
頑固

「赤」の強さ、「黒」の威圧的な強さを好む性格傾向が見えます。誰かに必要とされたい、賞賛されたいという願望がある人もいます。「赤」と「黒」を同時に使う配色を好むならば、「赤」の外向的な性格傾向がより強く出ます。「黒」は組み合わさると相手の性質を強める効果があります。

白の心理イメージワード

外向性	★★★★★
創造性	★★
繊細傾向	★★
協調性	★★
個性的	★★★★
努力家	★★★★★

努力家
美意識
演技派
完璧主義
引き立て上手

「赤」が好きで、かつ完璧なものを目指すような人は「白」を好みます。妥協しない努力家の人です。女性に多く見られる組み合わせで、白の強い部分を取り込もうとします。よく見る色が好みになっているとするならば、お祭りやハレの日を好む性格かもしれません。

ここまで「赤」×「2番目に好きな色」の
主要な組み合わせを紹介しました。

その他の色との組み合わせ

2番目に好きな色として、**赤**の同色系である**茶色**や**ワインレッド**を選ぶ人もいるでしょう。外向的な部分を残しつつ円熟した落ち着いた人に好まれます。
ベージュを選ぶ人は、ふだんは温厚で協調性が高くても、主張するときは、自分の信念を曲げない性格が出てきます。
金を選ぶ人は、インパクトのある個性が目立ちます。

濃いピンク

が好きな人

心理イメージワード

感情的
戦略行動
承認欲求
賢い
活動的

性格傾向の深掘り

- 行動的で感情的。体も心も動きやすい性格
- 知的教養度が高く、頭がよい人
- 「赤」に近い性格傾向をもち、より戦略的に「人からどう見られているか」を気にする傾向がある。デリケートな人もいるが、デリケートに見られたいと考える人もいる
- 気まぐれな態度で好きな相手を翻弄したり、人に甘えたりするのが上手
- SNSに載せる写真はついつい盛ってしまう。見映えを気にする
- 人と接することは得意な人、苦手な人もいるがそつなくこなせる
- もっと優しくされたい欲求があり、誰かの愛情を求めている
- 繊細さも強さももっている。そのときの気分や相手によって、傷ついたり、心を強く保ったりする

相性のよい相手

上司

「赤」が好きな人の強さを理想と考える人も。「赤」の指導力に救われることもある

友人

似ている性格で、基本的に相性がよい。変に競い合わないように注意したいところ

パートナー

「ワインレッド」が好きな人の洗練されたおしゃれな雰囲気に刺激される日々をすごせる

友人

努力家な「白」が好きな人から学ぶことは多い。また、引き立て上手なので一緒にいると心地よい

2番目に好きな色の傾向

ピンクのなかでも外向的な要素が強いので、2番目に「赤」「橙」という色を選ぶ人もいます。同じピンクの仲間である「薄いピンク」を選ぶなど、ピンクを全般的に好む人もいます。「紫」「藤色」を選ぶ人も多い傾向にあります。

濃いピンク × 2番目に好きな色 の2色から性格分析！

橙 の心理イメージワード

外向性	★★★★★
創造性	★★
繊細傾向	★★★
協調性	★★
個性的	★★★★
対応力、適応力	★★★★

親しみやすい
集団行動
競争心
好奇心
人間性

「濃いピンク」を好む人は外向的で行動的な性格ですが、大勢よりもひとりで行動しがちな傾向があります。ところが２色目に「橙」を選ぶ人は、大勢での行動を求める性格でもあります。個人行動も集団行動もできる対応力、適応力のある人です。

赤 の心理イメージワード

外向性	★★★★★
創造性	★★
繊細傾向	★★
協調性	★★
個性的	★★★★
愛情と優しさ	★★★★

行動的
正義感
愛情
努力家
わがまま

「行動したい」という気持ちをもっていると、「赤」や「橙」を選ぼうとします。単色で「濃いピンク」が好きな人は、承認欲求など「自分」が中心になりがちですが、「赤」が好きなことで、愛情にあふれる優しい部分が見えてきます。体と心が動きやすい人で、人間らしい魅力的な人です。

黄色 の心理イメージワード

外向性	★★★★★
創造性	★★
繊細傾向	★★★
協調性	★★
個性的	★★★★
上昇意欲	★★★★

好奇心
ユニーク
上昇志向
知的
変身願望

戦略的に行動することがある「濃いピンク」が好きな人のなかでも、より知的で賢く、上昇志向や意欲がある人は「黄色」を求めます。好奇心がより強いタイプの人かもしれません。行動的であり、感情を大事にし、深く物事を考えられるすばらしい人材です。

薄いピンク の心理イメージワード

外向性	★★★★
創造性	★★
繊細傾向	★★★★
協調性	★★★
個性的	★★★★
知的さ	★★★★

繊細
優しい
恋愛願望
かわいいが好き
人が苦手

「濃いピンク」と「薄いピンク」の両方を好むピンク好きさんは、優しく繊細で、行動力もあります。ピンクのよさが詰まった人です。「濃いピンク」のほうに惹かれるのは、ピンクが好きな人のなかでも、より活動的で知的な部分が出ているからだと思われます。

濃いピンクが好きな人

青緑の心理イメージワード

- 外向性 ★★★
- 創造性 ★★
- 繊細傾向 ★★★
- 協調性 ★★
- 個性的 ★★★★
- 鋭い感性 ★★★★

秘密主義
感性豊か
控えめ
解放感
独創的

「濃いピンク」が好きな人のなかでも、より感性が豊かな人、感性の鋭い人が選ぶ色です。控えめで、あまり前に出ません。発言は遠慮しながらも、しっかりいいたいことがいえる強さを秘めています。人にはいえない秘密をもっている人もいます。

黄緑の心理イメージワード

- 外向性 ★★★★
- 創造性 ★★★
- 繊細傾向 ★★★
- 協調性 ★★
- 個性的 ★★★★★
- 多彩な才能 ★★★★

個性的
観察力
創造的
才能豊か
論理的

「濃いピンク」も「黄緑」も個性的な人に好まれます。2色とも個性的な色を選ぶ人は、個性があふれている人といえます。観察力もあり、創造力も理論的思考もあります。バランスよく多彩な才能をもち合わせている人です。

明るい青の心理イメージワード

- 外向性 ★★★★
- 創造性 ★★
- 繊細傾向 ★★★
- 協調性 ★★
- 個性的 ★★★
- 表現力 ★★★★

協調性
愛情
創造的
自己表現
自立心

「濃いピンク」が好きな人のなかには、遠慮していいたいことがいえない人もいますが、「明るい青」を好む人は、優れた表現力をもっている人です。クリエイティブな要素もあって、協調的です。人に認められることで幸福感を得られます。個性がキラリと眩しく輝いています。

緑の心理イメージワード

- 外向性 ★★★★
- 創造性 ★★
- 繊細傾向 ★★★
- 協調性 ★★
- 個性的 ★★★★
- 調整力 ★★★★

調和
癒し的
個人主義
平和主義
まじめ

「濃いピンク」が好きな人は、人に見てほしい、認められたい、愛されたいと考える傾向がありますが、2番目に「緑」を選ぶ人は、争いを求めず、平和的に人と仲よくしたい、調和をとりたいという部分がある人です。危機回避能力が高く、賢い調整力が光ります。

濃いピンク × 2番目に好きな色 の2色から性格分析！

紫 の心理イメージワード

外向性	★★★★
創造性	★★★
繊細傾向	★★★
協調性	★★
個性的	★★★★
感度の高さ	★★★★

感覚的
二面性
創造的
繊細
孤独感

「濃いピンク」が好きな人のなかでも、感度と創造性が高いタイプの人です。承認欲求を創造性が広げてくれて、よりよい形で進んでいける人がいる一方で、「紫」の孤独的な部分が強く出てしまう人もいます。「紫」のなかでも「青紫」より「赤紫」を取り入れるほうがよい部分が出てくるでしょう。

深い青 の心理イメージワード

外向性	★★★
創造性	★★★
繊細傾向	★★★
協調性	★★★
個性的	★★★★
孤独感	★★★★

協調性
保守的
不安定
まじめ
孤独感

「濃いピンク」が好きな人はがんばり屋さんで、行動が裏目に出てしまうと心を痛めて、心を守るために「深い青」を求めることがあります。孤独感があると持ち前の行動力が発揮できなくなります。心を守ろうとする気持ちが見えるので、孤立しないように気をつけていきましょう。

藤色 の心理イメージワード

外向性	★★★
創造性	★★★
繊細傾向	★★★★
協調性	★★
個性的	★★★★
表現力	★★★★

繊細
創造的
感性豊か
人見知り
感覚的

「濃いピンク」が好きな人は人間関係もそつなくこなしますが、「藤色」を２番目に選ぶ人は、繊細さが際立ち、人間関係は苦手だろうと思います。外に向かっていくエネルギーよりも内側で何かをつくったり表現したりしていくのが得意な人でしょう。

水色 の心理イメージワード

外向性	★★★
創造性	★★★
繊細傾向	★★★★
協調性	★★★
個性的	★★★★
思考のバランス	★★★★

創造的
感性豊か
分析的
優しい
繊細

もともと「濃いピンク」がもつ心が動きやすい性格に、感性豊かな部分がより強くなった、優しい性格の人だと思われます。感覚的な部分と分析的、論理的な部分をあわせもっているバランスのよさも目立ちます。繊細さが強い人は、少し生きづらいかもしれません。

黒 の心理イメージワード

- 外向性 ★★★★
- 創造性 ★★
- 繊細傾向 ★★★
- 協調性 ★★
- 個性的 ★★★★
- 防衛力 ★★★★

防衛心
不安感
威圧的
聡明さ
頑固

賢く聡明な性格で、自分の心を守ることに長けている（もしくは、守ろうとしている）人です。なかには頑固さが出てしまう人もいますから、注意しましょう。容姿や心の強さに自信がなくて、黒い服を選んでしまうことも多いかもしれません。

白 の心理イメージワード

- 外向性 ★★★★
- 創造性 ★★
- 繊細傾向 ★★★
- 協調性 ★★
- 個性的 ★★★★
- 美意識の高さ ★★★★

努力家
美意識
演技派
完璧主義
引き立て上手

「白」が好きな人の美意識や努力が強く出る人が多いでしょう。演技上手な俳優のような存在感があります。色の好みから読み解く性格傾向と外見を結ぶのは難解なのですが、この組み合わせの人は見た目も麗しい人、さらに美しさを目指している人と思われます。

ここまで「濃いピンク」×「２番目に好きな色」の
主要な組み合わせを紹介しました。

その他の色との組み合わせ

２番目に好きな色として**赤紫**を選ぶ人は行動力もあって、他人の視線を強く意識する人です。
紺を求める人は気持ちを安定させたいという願望があるのかもしれません。
グレイを選ぶ人は人間関係で苦労しがちかもしれません。
ワインレッドを選ぶ人はおしゃれで、感性も高そうです。

薄いピンク

が
好きな人

心理イメージワード

繊細
優しい
恋愛願望
かわいいが好き
人が苦手

性格傾向の深掘り

- 優しく温和な性格。人間関係では仲のよい人とは深く接するものの、初対面の人が苦手なタイプが多い

- 人の何気ない言葉によく傷ついてしまう。繊細な人が多いが、繊細さの弱さは人それぞれ。「薄いピンク」が好きな人ほど、より繊細な傾向が見える

- 素敵な恋愛、幸せな結婚生活を夢見る人が多い。子どもがいる人の恋愛感情は配偶者や恋人ではなく子どもへ向かうことが多い

- 総じて「かわいいもの」が好き、小物もピンクのものを集める傾向がある

- 好奇心は旺盛なほう、刺激を求める人もいるが自分からはあまり積極的に行動しない。つい他人に依存してしまう

- 親和欲求が強く、人とのつながりを求めるのに、実際に他人に近づかれると怖いと思ってしまう人もいる

相性のよい相手

ワインレッド

上司

上品で円熟した振る舞いに安心できる。程よい強さが「薄いピンク」好きの人にとってちょうどよい存在

ベージュ

友人

おだやかながらいうべきことをいってくれるので、友人に向いている

赤

パートナー

「赤」が好きな人の行動力と深い愛情は、繊細で優しい「薄いピンク」のパートナーとして最適

藤色

友人

繊細な傾向や価値観が似ている。ただし、一緒に落ち込んでしまわないよう注意

2番目に好きな色の傾向

繊細な性格の要素がある人は、同じトーンの「水色」や「藤色」、薄い「ミントグリーン」、「白」などを好む傾向にあります。彩度が高く強い「赤」「橙」とはつながりにくい色です。

薄いピンク × 2番目に好きな色 の2色から性格分析！

橙 の心理イメージワード

外向性	★★★
創造性	★★
繊細傾向	★★★★
協調性	★★★★
個性的	★★
成長力	★★★★

親しみやすい
集団行動
競争心
好奇心
人間性

行動力や好奇心があり、楽しいことに敏感です。ただ、繊細な人ですから、他人のことで悩むことも多く、人の言葉で傷つくことも少なくありません。しかし成長力があるため、傷つきながらも成長し、どんどん魅力的になっていく、そんな人に思えます。

赤 の心理イメージワード

外向性	★★★
創造性	★★
繊細傾向	★★★★
協調性	★★★
個性的	★★★
改善願望	★★★★

行動的
正義感
愛情
努力家
わがまま

「赤」×「薄いピンク」はあっても、「薄いピンク」×「赤」の組み合わせはあまりない傾向があります。ただ願望として2番目に「赤」を選ぶことがあります。行動的になりたい、強くなりたいという思いから2番目に「赤」を選ぶこともあります。自分を変えたいと思う立派な人です。

黄色 の心理イメージワード

外向性	★★★
創造性	★★
繊細傾向	★★★★
協調性	★★★★
個性的	★★
努力家	★★★★

好奇心
ユニーク
上昇志向
知的
変身願望

好奇心が強くて新しいものが好き、メンタルは強いほうではないけれど、高みを目指してがんばれる。そんな努力家の性質があります。今はまだがんばれていないけれど、努力したい欲求がある人もいます。おもしろいことも大好きで、日々をしっかりと楽しめる人です。

濃いピンク の心理イメージワード

外向性	★★★
創造性	★★
繊細傾向	★★★★★
協調性	★★★★
個性的	★★
思いやり	★★★★★

感情的
戦略行動
承認欲求
賢い
活動的

「薄いピンク」も「濃いピンク」も好きというピンク好きな人は、優しさであふれた繊細な人、思いやりのある人です。心の奥には、もう少し活動的でありたい、強くなりたい、自由に行動したいという気持ちが眠っているのかもしれません。

薄いピンク が好きな人

青緑 の心理イメージワード

外向性	★★
創造性	★★
繊細傾向	★★★★★
協調性	★★★★
個性的	★★★
豊かな感性	★★★★★

秘密主義
感性豊か
控えめ
解放感
独創的

「薄いピンク」が好きな人の優しい性格に加えて、自由な発想ができたり、物事を表現できる感性が豊かな人だと思われます。控えめな人が選びやすい「青緑」をチョイスすることから、内向的な傾向が強く出て、つい悩んでしまうこともあるでしょう。

黄緑 の心理イメージワード

外向性	★★
創造性	★★★
繊細傾向	★★★★
協調性	★★★★
個性的	★★★
総合力	★★★★

個性的
観察力
創造的
才能豊か
論理的

感性豊かで観察力や創造力もあり、「薄いピンク」の弱い部分を補完します。優しい、協調性があるなど、総合力の高い人でしょう。人を見る力にも優れています。「薄いピンク」が好きな人は流されやすい一面もありますが、「黄緑」が好きな人は自分の意見もいえる人です。

明るい青 の心理イメージワード

外向性	★★
創造性	★★★
繊細傾向	★★★★
協調性	★★★★
個性的	★★
愛情	★★★★

協調性
愛情
創造的
自己表現
自立心

「薄いピンク」を好む人の基本的な性格よりも、創造性が高まり、自己表現に長けている人だといえます。協調性が高くて、人と争いません。ただ我慢するだけでなく、自分の主張もいえます。愛情深くて、他人を愛することに生きがいを感じたり、愛されることで強い幸福感をもちます。

緑 の心理イメージワード

外向性	★★
創造性	★★
繊細傾向	★★★★★
協調性	★★★★
個性的	★★
依存性	★★★★

調和
癒し的
個人主義
平和主義
まじめ

争いを好まず、平和的にものを考えられる、温和な性格です。外向的な部分もある一方、内向的でもあります。自分から積極的に動こうとするよりは、誰かに任せたいと思う依存性があるかもしれません。人間関係は得意ではありませんが、そつなくこなせるはずです。

薄いピンク × 2番目に好きな色 の2色から性格分析！

紫 の心理イメージワード

外向性	★★
創造性	★★★★
繊細傾向	★★★★★
協調性	★★★★
個性的	★★
まじめさ	★★★★

感覚的
二面性
創造的
繊細
孤独感

優しくまじめな性格なので、不安定になって、孤独になることもあるかもしれません。「紫」の内側にこもるような部分が強く出ると、孤独感も高まりつらい感情に支配されがちです。創作に打ち込むなどの行動で自分を見つめすぎないほうがよいでしょう。

深い青 の心理イメージワード

外向性	★
創造性	★★
繊細傾向	★★★★★
協調性	★★★★★
個性的	★★
他人の影響	★★★★★

協調性
保守的
不安定
まじめ
孤独感

優しく繊細な性格に加えて、まじめで誠実な人です。自分よりも他人を優先し、自分は後回し。他人の影響を受けやすい傾向が見られます。他人の一言が深く心に残って気にしてしまいます。感情が不安定になったり、人とのかかわりを避けたくなる人もいます。

藤色 の心理イメージワード

外向性	★★
創造性	★★★
繊細傾向	★★★★★
協調性	★★★★
個性的	★★
感受性	★★★★★

繊細
創造的
感性豊か
人見知り
感覚的

繊細で傷つきやすい性格です。「薄いピンク」が好きな人のなかでも、より感覚的で感受性が強い人です。物事を感覚的に捉える傾向が強く、言葉で表現するのが苦手です。感性の強さが自分を苦しめることもあります。自分で解決できないことは、もっと人を頼ってもよいでしょう。

水色 の心理イメージワード

外向性	★
創造性	★★★
繊細傾向	★★★★★
協調性	★★★★★
個性的	★★
優しさ	★★★★★

創造的
感性豊か
分析的
優しい
繊細

「薄いピンク」が好きな人が2番目に選びやすい色のひとつです。より優しくて、繊細な性格の人に選ばれます。あまり積極的に人とは会わないタイプです。創作活動やSNSを通して自分の好きなことを共有し、気が合う相手とは仲よくなれるでしょう。優しさにつけ込まれないよう注意。

薄いピンクが好きな人

黒の心理イメージワード

- 外向性 ★★
- 創造性 ★★
- 繊細傾向 ★★★★★
- 協調性 ★★★★
- 個性的 ★★
- 防衛心 ★★★★★

防衛心
不安感
威圧的
聡明さ
頑固

やわらかいイメージの「薄いピンク」と強い「黒」の組み合わせはあまりないと思われるかもしれませんが、そんなことはありません。２色目に「黒」を選んだのは、「薄いピンク」が好きな人の優しい部分を守ろうとしている、心を守りたい感情の表れだと思われます。

白の心理イメージワード

- 外向性 ★★
- 創造性 ★★
- 繊細傾向 ★★★★★
- 協調性 ★★★★
- 個性的 ★★
- 恋する気分 ★★★★

努力家
美意識
演技派
完璧主義
引き立て上手

「白」は組み合わさる色として「濃いピンク」だと美意識が強く努力家傾向が見えますが、「薄いピンク」だと、優しい繊細な部分が強く出ます。引き立て上手で、自分よりも他人を優先してしまいます。恋したい気持ち、愛されたい気持ち、恋をすると選びたくなる２色です。

ここまで「薄いピンク」×「２番目に好きな色」の主要な組み合わせを紹介しました。

その他の色との組み合わせ

２番目に好きな色として**赤紫**を選んだ人は、個性的で感覚派の人。
紺を選んだ人は黒に近く、心を守りたい、安定させたい感情の表れだと思います。
グレイを選んだ人は慎重で控えめな性格が際立ちます。
ベージュを選んだ人はより温厚なタイプの人だと思われます。

橙
が 好きな人

心理イメージワード

親しみやすい
集団行動
競争心
好奇心
人間性

性格傾向の深掘り

- 元気で陽気、行動力もある。競争心が強くて負けず嫌い。ただし、本人は行動的であることや負けず嫌いであることの自覚がない場合がある
- 協調性が高いわけではないが、仲間との集団行動を好む、仲間を大事にする
- 親しみやすい雰囲気があり、気配りもできる。ただ、沈黙しそうになると話をして盛り上げたり、無理をしたりして疲れてしまう人もいる
- 話しかけやすい雰囲気のおだやかな「親しみやすさ」、ムキになって人と争う「競争心」という両方の要素があり、どちらが強く出るかは個人差がある。２番目に好きな色を見るとわかることもある
- 意志が強く、物事を継続する力がある
- 好奇心が強くて、それが行動的な性格を支えている人もいる

相性のよい相手

明るい青

上司

自分の暴走を優しい愛情で受け止めてくれて、抑制してくれる頼りになる存在

 黄緑

友人

「黄緑」が好きな人は観察力や知性が高く、俯瞰的に物事を見てアドバイスをくれる

グレイ

パートナー

控えめで慎重な性格であり、その良識は「橙」が好きな人にとって魅力的

 紺

友人

「紺」が好きな人のもつおだやかかつ冷静な部分、優れた判断力は「橙」が好きな人の指針になる

2番目に好きな色の傾向

「赤」「黄色」「濃いピンク」など行動的な色である暖色を選びやすいでしょう。「赤」「緑」「紫」は個人で自由に行動したいと思う人が選ぶ色です。「明るい青」「深い青」は複数で行動したい人が選びやすい色です。行動性の違いで選ぶ色も差がでます。

橙 × 2番目に好きな色 の2色から性格分析！

薄いピンク の心理イメージワード

外向性	★★★★
創造性	★★
繊細傾向	★★★
協調性	★★★
個性的	★★★
優しさ	★★★★

繊細
優しい
恋愛願望
かわいいが好き
人が苦手

仲間と一緒に行動することを好み、他人思いの優しい性格が強く出ます。慣れた人とは仲よくできるけれど、初対面の人には少し苦手意識があるかもしれません。傷つくこともあると思いますが、「橙」の力があなたを守ってくれています。

赤 の心理イメージワード

外向性	★★★★★
創造性	★★
繊細傾向	★
協調性	★★★
個性的	★★★★
人間性	★★★★

行動的
正義感
愛情
努力家
わがまま

外向的、行動的な性格の人に選ばれる２色です。仲間との行動はとても大事、でも個人の行動も大事だと考える人が選びたくなる色です。「赤」の愛情の強さももち合わせていて、優しく人と接したり、気配りができて、正義感も強く、正直者でもある人間性の高い人です。

黄色 の心理イメージワード

外向性	★★★★★
創造性	★★
繊細傾向	★
協調性	★★★
個性的	★★★
人望	★★★★

好奇心
ユニーク
上昇志向
知的
変身願望

好奇心が強くて新しいものが好き、上昇志向もあり、物事を実現していく強さや勇敢さもあります。なかでも特徴的なのは人が集まる人望、困難を乗り越えていく知恵があることです。ユニークでおもしろい人かもしれません。集団のなかでもキラリと光る存在感が眩しい人です。

濃いピンク の心理イメージワード

外向性	★★★★★
創造性	★★
繊細傾向	★★
協調性	★★★
個性的	★★★
好奇心	★★★

感情的
戦略行動
承認欲求
賢い
活動的

好奇心が強い人で、それが行動のひとつの動機になっているかもしれません。また、仲間と行動するときには、どう見られているかが気になります。「橙」が好きな人の基本的な性格傾向より繊細度がやや上がり、泣く、笑うなどの感情表現も豊かです。競争心が高まる人もいます。

青緑の心理イメージワード

- 外向性 ★★★★
- 創造性 ★★
- 繊細傾向 ★★
- 協調性 ★★★
- 個性的 ★★★★
- 品行方正 ★★★★

秘密主義
感性豊か
控えめ
解放感
独創的

行動できる強さと控えめさ、双方の性質が見られるバランスのよさが見える性格です。「橙」のみが好きな人はフレンドリーさが目立ちますが、「青緑」も好む人はもう少し思慮深さや遠慮といった品のある行動も目立ちます。豊かな感情と行動力があり、自分の知見を広げていけます。

黄緑の心理イメージワード

- 外向性 ★★★★
- 創造性 ★★★★
- 繊細傾向 ★
- 協調性 ★★
- 個性的 ★★★★★
- 多彩な才能 ★★★★★

個性的
観察力
創造的
才能豊か
論理的

「橙」のもつ行動力に観察力や論理的な思考が加わった無敵な才をもつ人です。春になると草木が芽吹いて黄緑色になるように、新しいものを生み出す創造性や豊かな才能が心の中に眠っている人だといえます。自分の気持ちが内側に向く、内向的な性質もあり、そのバランス感覚も魅力です。

明るい青の心理イメージワード

- 外向性 ★★★★
- 創造性 ★★★
- 繊細傾向 ★
- 協調性 ★★★
- 個性的 ★★★★
- 大人の完成度 ★★★★

協調性
愛情
創造的
自己表現
自立心

「明るい青」の要素である協調性や創造性、そして愛情の深さをもった人です。他人に気をつかいながら、自分のいいたいこともいえる人で、とても付き合いやすい性格傾向が見られます。人としての未熟さが少なく、大人として完成度の高さが目立ちます。

緑の心理イメージワード

- 外向性 ★★★★
- 創造性 ★★
- 繊細傾向 ★★
- 協調性 ★★★
- 個性的 ★★★
- 自由な行動 ★★★★

調和
癒し的
個人主義
平和主義
まじめ

「橙」が好きな人が2番目に選びやすい色のひとつです。それは集団での行動もひとりでの行動も両方大切にする人が選びやすい色だからです。行動力も「赤」ほど強くなく、自由度の高いゆるい感じがちょうどよいのかもしれません。頼りたい気持ちもあり、誘ってもらうことを待っている人もいます。

橙 × 2番目に好きな色 の2色から性格分析！

紫の心理イメージワード

外向性	★★★★
創造性	★★★
繊細傾向	★★★
協調性	★★★
個性的	★★★★
二面性	★★★★

感覚的
二面性
創造的
繊細
孤独感

「紫」は不安定な部分をもち合わせる複雑な性格傾向があります。「橙」好きさんらしく明るく元気な性格に見えたとしても、実際には悩むことがあり、葛藤するつらい部分も抱えていると思われます。二面性を内包しながら、つらい姿を見せないで努力する努力家なのではないでしょうか。

深い青の心理イメージワード

外向性	★★★★
創造性	★★
繊細傾向	★★
協調性	★★★★
個性的	★★★
まじめさ	★★★★

協調性
保守的
不安定
まじめ
孤独感

協調性があり、まじめな性格の人です。ひとりで前に進んでしまうのではなく、仲間と協議して決めていく。そんな性格傾向があります。まれに孤立して孤独感を感じることもあるかもしれませんが、そんなときは多くの人が支えてくれていることを思い出してほしいです。

藤色の心理イメージワード

外向性	★★★
創造性	★★★
繊細傾向	★★★
協調性	★★★
個性的	★★★
強い感受性	★★★★

繊細
創造的
感性豊か
人見知り
感覚的

元気で陽気、競争心が強いという一面の裏で、不安を抱えていたり、人間関係のつらさを感じていたりするかもしれません。豊かな感受性がうまく表現や行動につながれば、人間性も増して余裕のある人になります。繊細で内向的な部分が出ると、生きづらさを感じることもあるかもしれません。

水色の心理イメージワード

外向性	★★★★
創造性	★★★
繊細傾向	★★
協調性	★★★
個性的	★★★★
フレンドリー	★★★★

創造的
感性豊か
分析的
優しい
繊細

人が集まる「橙」のフレンドリーさに、「水色」の優しさもあわせもっています。話しやすく人が集まる魅力的な人です。「橙」の性格が強く出ている人は元気に前に進んでいけますが、「水色」の性格が強く出る人は、繊細で傷つきやすい部分もあると思われます。

黒の心理イメージワード

外向性	★★★★★
創造性	★★
繊細傾向	★
協調性	★★★
個性的	★★★
発言力	★★★★

防衛心
不安感
威圧的
聡明さ
頑固

聡明で人を動かす資質がある人です。一言に重みがあり、発言力があります。一方でその部分が強く出すぎると、協調性が低くなり、孤立してしまうので注意が必要です。不安感を打ち消すために、防衛として「黒」を選ぶ人もいます。黒い服が多くなってきたら気をつけましょう。

白の心理イメージワード

外向性	★★★★★
創造性	★★
繊細傾向	★★
協調性	★★★
個性的	★★★
完璧主義	★★★★

努力家
美意識
演技派
完璧主義
引き立て上手

負けず嫌いで、完璧主義者、努力家である人は「橙」と「白」を選ぶ傾向にあるといえます。高い理想を求めて、前に進む力をもっている人です。「白」の引き立て上手な部分が高まっていくと、仲間もより集まってくると思われます。

ここまで「橙」×「2番目に好きな色」の
主要な組み合わせを紹介しました。

その他の色との組み合わせ

2番目に好きな色として**茶色**を選んだ人は頼れる上司タイプの人。責任感があって、器の大きい人です。**ベージュ**を選んだ人は優しく温厚で、仲間を包む愛があります。**金**を選んだ人はアグレッシブでパワフルな人、「橙」の性質を発揮してパワフルに上昇していきます。**ミントグリーン**を選んだ人は気ままで自由にも動ける素直な人です。

黄色

が
好きな人

心理イメージワード

好奇心
ユニーク
上昇志向
知的
変身願望

性格傾向の深掘り

- 好奇心が旺盛で、ものごとを深く調べるのが好き
- 新しいものには目がない。新商品はいつも気になる。飽きっぽいところもある
- 頭がよく上昇志向が強い。発想も豊かでビジネスの才能もある。失敗を恐れずに挑戦を続ける
- ユーモアがあって周囲には笑いが絶えない。グループの中心的な人物
- 理想主義者の傾向があり、高い理想をもって眩しい太陽のように進んでいく
- 自由な行動をとりたがる。束縛されることが嫌い
- 人間関係は特別得意ではないけれど、そつなくこなしていく。ただし、変わり者として孤立してしまう人もいる
- 「黄色」の明るさに惹かれる人、自分を変えたいと思う人も黄色を好む

相性のよい相手

茶色

上司

「茶色」が好きな人の器の深さ、動じない安定感は上司として魅力的に映るはず

黒

友人

「黄色」をより眩しく輝かせてくれる存在。お互いの弱い部分を補完できる

紫

パートナー

「紫」が好きな人の感性、創造性は自分の弱い部分を補完してくれる存在

水色

友人

感情豊かでクリエイティブな相手なので、刺激を受けて自分を高められると思われる

2番目に好きな色の傾向

調和を図りながらも、自分の行動を大事にする「緑」を選ぶことも。全般的に暖色である「赤」「橙」ともよく組み合わされます。「黄色」は低彩度・低明度の色から高彩度の色まであり、多彩な性格をつくる傾向もあります。

黄色×2番目に好きな色の2色から性格分析！

薄いピンクの心理イメージワード

外向性	★★★
創造性	★★★
繊細傾向	★★★★
協調性	★★★
個性的	★★★
繊細で優しい	★★★★★

繊細
優しい
恋愛願望
かわいいが好き
人が苦手

好奇心旺盛で新しいものが好き、明るくユニークな人という「黄色」が好きな人の特性に加えて、繊細で優しい部分ももった性格です。特に人間関係での苦労がつきまとう傾向があります。多彩な才能の資質があり、能力を秘めている人なので、人に振り回されないように注意しましょう。

赤の心理イメージワード

外向性	★★★★
創造性	★★★
繊細傾向	★★
協調性	★★★
個性的	★★★★
リーダー資質	★★★★★

行動的
正義感
愛情
努力家
わがまま

自分の趣味、仕事、人間関係などを高めていく欲求が強いアグレッシブな人です。努力家でメンタルも強い人でしょう。リーダー的な資質も高く、人を束ねていく才能があります。「もっと行動したい」という願望としてこれらの色を選ぶケースもあります。

橙の心理イメージワード

外向性	★★★★
創造性	★★★
繊細傾向	★★
協調性	★★★
個性的	★★★★
人望が厚い	★★★★

親しみやすい
集団行動
競争心
好奇心
人間性

明るく前向きでフレンドリー、困難を突破する能力もあります。「黄色」や「橙」を好むような性格の人のところには、人が集まります。あなたの人徳に多くの人がひかれて集まり、その人たちにあなた自身も救われていきます。

濃いピンクの心理イメージワード

外向性	★★★★
創造性	★★★
繊細傾向	★★★
協調性	★★★
個性的	★★★★
環境適応能力	★★★★★

感情的
戦略行動
承認欲求
賢い
活動的

好奇心旺盛で、さまざまなものに興味がある人です。心が動きやすく、感動したり、涙ぐんだりすることも多いでしょう。勉強ができるというよりは、機転がきくタイプで環境適応能力に優れた知恵のある人です。人からどう見られるかも気になるので、SNSに反応がないと不安になる人もいます。

黄色が好きな人

青緑の心理イメージワード

- 外向性 ★★★★
- 創造性 ★★★
- 繊細傾向 ★★
- 協調性 ★★★
- 個性的 ★★★
- 行動的で思慮深い ★★★★

秘密主義
感性豊か
控えめ
解放感
独創的

「黄色」は気持ちが外に向く外向的な人に好まれる色ですが、外向的な色のなかでは気持ちが内側にも向きやすい色です。「青緑」は内向的な色と中性的な色の境界にある色で、外向性と内向性の両方をもち行動的でもあります。思慮深さもある人に選ばれる組み合わせです。

黄緑の心理イメージワード

- 外向性 ★★★★
- 創造性 ★★★
- 繊細傾向 ★★
- 協調性 ★★★
- 個性的 ★★★
- 上昇志向 ★★★★

個性的
観察力
創造的
才能豊か
論理的

「黄色」が好きな人のなかでも個性と才能が光る魅力的な人です。豊かな才能に、それを伸ばしていく上昇志向があります。洞察力、観察力といった視点の鋭さも恵まれた才能のひとつです。論理的に構築する思考力も備わっています。

明るい青の心理イメージワード

- 外向性 ★★★★
- 創造性 ★★★
- 繊細傾向 ★★
- 協調性 ★★★
- 個性的 ★★★
- 前向きさ ★★★★

協調性
愛情
創造的
自己表現
自立心

「黄色」を好む人は、「明るい青」とも相性がよく、組み合わさりやすい色のひとつです。仲間に寄り添い、愛情溢れる人や自己表現が上手で創造性が高い人など、「明るい青」が好きな人のなかでも、特性には複数のパターンがあります。共通するのは明るくて前向きな性格傾向が見られることです。

緑の心理イメージワード

- 外向性 ★★★★
- 創造性 ★★★
- 繊細傾向 ★★
- 協調性 ★★★
- 個性的 ★★★
- アサーティブ ★★★★★

調和
癒し的
個人主義
平和主義
まじめ

人との関係の調和をとりつつも、自分の意見や行動も大切にします。人に合わせることも、自分のやりたいことも大事。そんなアサーティブな自己主張ができる人が2番目に「緑」を選ぶ傾向にあります。平和的に生きているので、人に攻撃されることも稀で、仲間も多いと思われます。

黄色 × 2番目に好きな色 の２色から性格分析！

紫 の心理イメージワード

外向性	★★★
創造性	★★★★
繊細傾向	★★
協調性	★★★
個性的	★★★
神秘的な存在	★★★★

感覚的
二面性
創造的
繊細
孤独感

「黄色」が好きな人は太陽のような明るさがありますが、その一方で孤独感や感覚的に苦しいところをもっていると、「紫」が好きという形で出てくる可能性があります。また、神秘的で正体を明らかにしない、神秘的な存在、ミステリアスな魅力があるように見えます。

深い青 の心理イメージワード

外向性	★★★
創造性	★★★
繊細傾向	★★
協調性	★★★★
個性的	★★★
抑制心	★★★

協調性
保守的
不安定
まじめ
孤独感

保守的な部分があり、「黄色」が好きな人と真逆のよさがあります。「深い青」を選ぶのは、どんどん前に進もうとする気持ちを抑制しようとする心の制御かもしれません。過去に失敗した経験が影響している可能性もあります。また、協調する感情が強い人も「深い青」を選ぶようになります。

藤色 の心理イメージワード

外向性	★★
創造性	★★★★
繊細傾向	★★★
協調性	★★★★
個性的	★★★
おうち主義	★★★★

繊細
創造的
感性豊か
人見知り
感覚的

好奇心が強くて、感受性も豊か、創造的な部分もある人です。「黄色」が好きな人のなかには、人間関係で苦しむ部分があると思われます。特に初対面の人とは緊張しそうです。家で映画を見たり、本を読んだり、趣味に没頭するのが好きな人ではないでしょうか。

水色 の心理イメージワード

外向性	★★★
創造性	★★★★
繊細傾向	★★
協調性	★★★★
個性的	★★★
成長力	★★★★

創造的
感性豊か
分析的
優しい
繊細

「黄色」が好きな人は子どもがそのまま大きくなったような性格要素があります。「水色」が好きな人の感性豊かでピュアなところは、「黄色」が好きな人と一致します。優しく傷つきやすく、何かをつくったり考えたりすることを好みます。いろいろなものを吸収して、さらに成長していく人です。

黒の心理イメージワード

外向性	★★★★
創造性	★★★
繊細傾向	★★
協調性	★★★
個性的	★★★
聡明さ、強さ	★★★★

防衛心
不安感
威圧的
聡明さ
頑固

「黄色」と「黒」の組み合わせは、見た目も強く、目を引く配色です。この組み合わせでは、「黒」の防衛心や保守的な部分よりも、聡明な部分が出ていると解釈できそうです。発言力がある、もしくは発言力がほしいという願望があり、人を動かすような強い人です。

白の心理イメージワード

外向性	★★★★
創造性	★★★
繊細傾向	★★
協調性	★★★
個性的	★★★
努力家	★★★★

努力家
美意識
演技派
完璧主義
引き立て上手

「黄色」が好きな人の性格傾向である上昇志向がより強い場合、2番目に好きな色として「白」が出てくると思われます。努力家や完璧主義者の要素があります。「白」の強いイメージにひかれている人です。また、引き立て上手や美意識が高い人も、「白」を選ぶ傾向があります。

ここまで「黄色」×「2番目に好きな色」の主要な組み合わせを紹介しました。

その他の色との組み合わせ

2番目に好きな色として**ミントグリーン**は選ばれやすい色のひとつで、子どものような自由さと素直さがあります。**ベージュ**は**黄色**の同色系であり、配色でもなじみやすいので選ばれやすい色です。思いやりと優しさのなかに芯がある性格が特徴です。**茶色**を選ぶ人の責任感や安定感、**紺**を選ぶ人の協調性と落ち着いた感じもよくある組み合わせです。

黄緑

が
好きな人

心理イメージワード

個性的
観察力
創造的
才能豊か
論理的

性格傾向の深掘り

- 個性的な人に好まれる色。個性的な人になりたいと思う人も好む傾向がある。「青」や「緑」といった誰もが好む色を選びたくなくなり、選ぶ人が少なそうな「黄緑」を選ぶ変わり者な人もいる
- 「緑」を好む人よりも社交的であり、「黄色」を好む人よりも創造的
- 観察力、洞察力に長けている。人やものを観察して分析し、論理的に問題解決の道筋を見つけていく賢い人、企画力がある人として企業では重宝される
- 新商品や新サービスが気になる
- 他者の視線、評価を気にする
- 分析力が高いので、相手の反応を見ながら、最適な付き合い方を導き出し、人間関係ではうまく立ち回れる
- 多彩な才能のもち主で、クリエイティブで話もおもしろい

相性のよい相手

紺

上司

「紺」が好きな人の安定したところ、判断力の高さは、「黄緑」が好きな人の救いになる

白

友人

ストイックで、努力家の「白」が好きな人は、「黄緑」好きにとって刺激をもらえる存在

グレイ

パートナー

控えめで、良識がある「グレイ」が好きな人が近くにいると、「黄緑」が好きな人はさらに輝く

藤色

友人

「藤色」が好きな人と一緒に創作やアートの話などをすれば盛り上がるはず

2番目に好きな色の傾向

クリエイティブな人は「青」「水色」といった色を選びやすい傾向にあります。「明るい青」「水色」「藤色」にもクリエイティブな要素があるからです。「黄緑」と同じく個性的な人が好む「紫」も選ばれやすい傾向にあります。

黄緑 × 2番目に好きな色 の2色から性格分析！

薄いピンク の心理イメージワード

外向性	★★★
創造性	★★★★
繊細傾向	★★★★
協調性	★★★
個性的	★★★
論理＆感情	★★★★

繊細
優しい
恋愛願望
かわいいが好き
人が苦手

「黄緑」が好きな人は個性が際立って、強いトゲがあるような性格の人もいますが、「薄いピンク」を選ぶ人は鋭い部分が抑えられ、繊細で優しい人です。論理的で知恵がある部分と、感情を優先する優しい部分の両面をもっている魅力的な人です。小さな刺激を求める人も多いです。

赤 の心理イメージワード

外向性	★★★★
創造性	★★★★
繊細傾向	★★
協調性	★★
個性的	★★★★
自分に素直	★★★★

行動的
正義感
愛情
努力家
わがまま

「黄緑」が好きな人のなかでもより行動的な人が好む組み合わせです。わがままなところ、我の強さも際立ちます。よい表現をすれば、自分の感情に素直で、自由な発想ができる人です。それは「黄緑」の表現力をより高めるために必要なエッセンスかもしれません。

橙 の心理イメージワード

外向性	★★★★
創造性	★★★★
繊細傾向	★★
協調性	★★
個性的	★★★★
才能＆行動力	★★★★

親しみやすい
集団行動
競争心
好奇心
人間性

「黄緑」が好きな人は社交的な性格の人が多いのですが、外向と内向の境界線にあるので、内側に気持ちが向く人もいます。２色目に「橙」を選ぶ人は外向的な性格傾向が強いと思われます。親しみやすさと人間力をもち合わせている人で、才能に行動力が加わった無双な人材です。

濃いピンク の心理イメージワード

外向性	★★★★
創造性	★★★★
繊細傾向	★★
協調性	★★
個性的	★★★★
戦略行動	★★★★

感情的
戦略行動
承認欲求
賢い
活動的

「濃いピンク」は「黄緑」が好きな人のなかでもより心が動きやすい人、チャレンジ精神があって活動的な人に好まれます。他人の目が気になり、どう動けば認めてもらえるか、承認欲求が強く出る人もいます。機転が利く賢い人であり、衝動的には動かないで、戦略的に行動する傾向があります。

黄緑が好きな人

青緑の心理イメージワード

- 外向性 ★★★
- 創造性 ★★★★
- 繊細傾向 ★★
- 協調性 ★★
- 個性的 ★★★★★
- 独創的表現 ★★★★

秘密主義
感性豊か
控えめ
解放感
独創的

「黄緑」と「青緑」を選ぶ人はかなり個性的な性格です。外向的な部分と内向的な部分が重なり、それは感性の豊かさや独創的な表現につながり、唯一無二の存在になります。「青緑」に見られる控えめな部分が強く出ると、内向的な性格傾向が強く出る人もいます。

黄色の心理イメージワード

- 外向性 ★★★★
- 創造性 ★★★★
- 繊細傾向 ★★
- 協調性 ★★
- 個性的 ★★★★
- 環境適応力 ★★★★

好奇心
ユニーク
上昇志向
知的
変身願望

色相環でいう隣同士の色であり、近いイメージをもつ相性のよさがあります。好奇心の強さ、行動力があります。とても賢い人で、適応力が高い人でもあります。新しい環境に適応できる能力、どんな場所でも自分の力が発揮できる力があります。明るい性格の人が多い傾向にあります。

明るい青の心理イメージワード

- 外向性 ★★★
- 創造性 ★★★★★
- 繊細傾向 ★★
- 協調性 ★★★
- 個性的 ★★★★
- 商業的創作性 ★★★★

協調性
愛情
創造的
自己表現
自立心

協調性を大切にしながらも、自己表現が上手な人で、自分のいいたいこともいえる人です。豊かでクオリティの高い創造性がある人ですが、分析してものごとを改善していく能力が極めて高いことがわかります。商業的なものづくりの世界で才能が発揮できそうです。

緑の心理イメージワード

- 外向性 ★★★
- 創造性 ★★★★
- 繊細傾向 ★★
- 協調性 ★★
- 個性的 ★★★★
- 誠実でまじめ ★★★★

調和
癒し的
個人主義
平和主義
まじめ

「黄緑」が好きな人は基本的には社交的ですが、２色目に「緑」を選ぶ人は人間関係が苦手で、窮屈さを感じている人かもしれません。個性的な部分とまじめで誠実な性格が絡み合い、自分自身や対人関係に影響を及ぼすことが考えられます。自然を好む人もいます。

黄緑 × 2番目に好きな色 の2色から性格分析！

紫

の心理イメージワード

外向性	★★
創造性	★★★★★
繊細傾向	★★★
協調性	★★
個性的	★★★★
豊かな才能	★★★★

感覚的
二面性
創造的
繊細
孤独感

「紫」を2番目に選ぶ人は創作性がより強く出ますが、感性のアートをつくり出せる人です。「黄緑」を好きな人の特徴である「観察による創作性」ももち合わせており、幅広いものづくりの才能が光ります。人に理解されずに苦しむ部分もありますが、才能の豊かさは強い武器になるでしょう。

深い青

の心理イメージワード

外向性	★★
創造性	★★★★
繊細傾向	★★
協調性	★★
個性的	★★★★
他人優先傾向	★★★★

協調性
保守的
不安定
まじめ
孤独感

協調性、共感能力が高く、自分よりも周りの意見を優先しがちです。他人の視線が気になり、不安な気持ちになる人も少なくありません。まじめで保守的な部分もあり、孤独感をもつ人もいます。黄緑の性格にある分析能力、改善能力を活かして前向きにいきたいですね。

藤色

の心理イメージワード

外向性	★★
創造性	★★★★★
繊細傾向	★★★
協調性	★★★
個性的	★★★
理論＆感覚	★★★★

繊細
創造的
感性豊か
人見知り
感覚的

「黄緑」×「紫」の性格にも似ていますが、さらに繊細になって人間関係で苦労するのが「黄緑」×「藤色」の性格です。個性的ですが決して強くなく、優しい性格なので、人に振り回されることが多くあります。論理的な思考と感覚的な思考の両方をもつ強みがあります。

水色

の心理イメージワード

外向性	★★
創造性	★★★★★
繊細傾向	★★★
協調性	★★★
個性的	★★★
改善する能力	★★★★

創造的
感性豊か
分析的
優しい
繊細

創造的な性格傾向が強く、何かをつくり出すだけでなく、ものごとを改善する能力も高い人です。優しく繊細な部分もあり、傷つくことも多いと思いますが、観察力や分析力も高いはずなので、うまく回避と改善をしながら前に進んでいけます。負けずにチャレンジしましょう。

黄緑が好きな人

黒の心理イメージワード

外向性	★★★
創造性	★★★
繊細傾向	★★
協調性	★★
個性的	★★★★★
聡明＆頑固	★★★★

防衛心
不安感
威圧的
聡明さ
頑固

組み合わせ的にはあまり見ないパターンです。「黒」の効果で「黄緑」の性格を強める傾向があり、論理的で頭のかたいややこしい性格にならないように注意したいところです。賢く聡明で頑固な部分もあると思われますから、あまり強く出すぎないように注意したいところです。

白の心理イメージワード

外向性	★★★
創造性	★★★★
繊細傾向	★★
協調性	★★
個性的	★★★★
意識の高さ	★★★★

努力家
美意識
演技派
完璧主義
引き立て上手

美しいものにひかれたり、自分を高めたりする意識の高い人だと思われます。よく見られたい気持ちや個性的な部分を伸ばしたい欲求がある人もいます。機転がきく頭のよい人ですから、人間関係はそつなくこなしていきそうです。ただし人目を気にしすぎると息苦しくなるかもしれません。

ここまで「黄緑」×「２番目に好きな色」の
主要な組み合わせを紹介しました。

その他の色との組み合わせ

２番目に好きな色として、**ワインレッド**を選んだ人は上品でエレガンスな性格であり、**赤紫**を選んだ人は分析力も直感力ももつ複数の能力が魅力的な性格でしょう。
ミントグリーンは多彩な能力が発揮できそうですが、気分屋になりすぎないように注意したいところです。
グレイを選んだ人は不安と慎重な行動が目立ちます。

緑
が
好きな人

心理イメージワード

調和
癒し的
個人主義
平和主義
まじめ

性格傾向の深掘り

- 外向的な性格と内向的な性格の両方の要素があり、バランスよく調和している
- 平和主義者で癒しの要素がある。おだやかな性質ながら芯は強く、人の意見には流されない強さもある
- 人との付き合いは無難にこなす。調和をとろうとするものの基本的には人が苦手。自分のペースを乱されることを嫌う
- イベントや楽しいことは好き。好奇心もあるけれど、自分から積極的に企画はしない。誰かが企画して声をかけてくれることを待っている。少しだけ依存性がある
- まじめな人、礼儀正しい人
- 自然や動物が好きな人もいる
- 食べることが好き、おいしいものには目がない

相性のよい相手

橙

上司

社交的で仲間意識が強く、人を大事にする「橙」が好きな人が上司だと魅力的に映る

赤紫

友人

「赤紫」が好きな人の行動力と元気さは、いてくれるとありがたい存在

茶色

パートナー

おだやかな性格で、責任感が強い「茶色」が好きな人は、いろいろな場面で助けてくれるはず

青緑

友人

優れた感性や感覚は、「緑」が好きな人にとってよい刺激になるはず

2番目に好きな色の傾向

「緑」は単色ではそれほど行動的ではありませんが、行動的な人は「赤」よりも「橙」を2色目に選ぶ傾向にあります。暖色系の色と組み合わせる人も多くいます。繊細傾向が強いと「ミントグリーン」や「薄いピンク」「水色」を選ぶ傾向にあります。

緑 × 2番目に好きな色 の2色から性格分析！

薄いピンク の心理イメージワード

- 外向性 ★★★
- 創造性 ★★★
- 繊細傾向 ★★★★
- 協調性 ★★★★
- 個性的 ★★★
- 優しさ ★★★★

繊細
優しい
恋愛願望
かわいいが好き
人が苦手

「緑」の癒しや平和主義な傾向と「薄いピンク」の繊細、優しい部分は結ばれやすい性格です。「緑」の性格からより優しくなった、繊細になった性格と考えられます。人間関係は苦手な傾向が強まるはずで、人を避けるようになる人もいるでしょう。

赤 の心理イメージワード

- 外向性 ★★★★
- 創造性 ★★★
- 繊細傾向 ★★★
- 協調性 ★★★
- 個性的 ★★★★
- 情熱的 ★★★★

行動的
正義感
愛情
努力家
わがまま

「緑」が好きな人は温厚でおだやかな性格傾向が強いのですが、そこに「赤」が加わると、行動的で正義感が強く、努力家という情熱的な性格傾向をもちます。おだやかな「緑」の性格に「赤」の性格の要素は強いので組み合わさりにくい関係ですが、二面性がある性格をもつ人もいます。

橙 の心理イメージワード

- 外向性 ★★★★
- 創造性 ★★★
- 繊細傾向 ★★★
- 協調性 ★★★
- 個性的 ★★★
- 親しみやすさ ★★★★

親しみやすい
集団行動
競争心
好奇心
人間性

「緑」の性格に加え、行動的な要素がある人に好まれやすい色のひとつです。「赤」だと強すぎますが、「橙」の行動力や親しみやすさが「緑」の性質と合うからだと考えられます。個人行動も集団行動も対応でき、「緑」が好きな人の人間的な魅力にさらに人間性が高まった性格傾向が見てとれます。

濃いピンク の心理イメージワード

- 外向性 ★★★★
- 創造性 ★★★
- 繊細傾向 ★★★
- 協調性 ★★★
- 個性的 ★★★
- 感情的判断 ★★★★

感情的
戦略行動
承認欲求
賢い
活動的

「緑」の性格傾向に「濃いピンク」の行動的な要素や人から見られる意識が加わります。感情的な判断傾向をもつ人に好まれる組み合わせです。「感情的」といっても誰かを振り回すのではなく、美しいものを見て感動するなど、刺激に対して心が動きやすい、より人間らしい性格でもあります。

緑が好きな人

青緑の心理イメージワード

外向性	★★★
創造性	★★★
繊細傾向	★★★
協調性	★★★
個性的	★★★
秘密主義	★★★★

秘密主義
感性豊か
控えめ
解放感
独創的

「緑」が好きな人は他人に心を開かない傾向がありますが、「青緑」が好きな人もクールで自分の感情をあまり表に出しません。他人から見ると何を考えているかわからないと思われるかもしれません。おだやかな色の組み合わせですが、「個」の強い力が眠っていて、それを隠そうとする人もいます。

黄色の心理イメージワード

外向性	★★★★
創造性	★★★
繊細傾向	★★★
協調性	★★★
個性的	★★★
社交性	★★★★

好奇心
ユニーク
上昇志向
知的
変身願望

「緑」が好きな人は人間関係をそつなくこなすものの、それほど得意ではありません。「黄色」を2色目に選ぶ人は、もう少し社交性があり、人が集まってくるでしょう。好奇心があって、上昇志向もあるタイプです。もっとうまくやりたいという願望として選ぶこともあります。

明るい青の心理イメージワード

外向性	★★★
創造性	★★★
繊細傾向	★★★
協調性	★★★
個性的	★★★
追求力	★★★★

協調性
愛情
創造的
自己表現
自立心

「緑」が好きな人は、他人と協調して自分と他人との距離感を調整するのが上手ですが、「明るい青」を同時に好む人も、他人に協調しながら自分の意見も大事にできる人です。ただし、納得がいかないことはあきらめないで追求していく、秘めた強さがありそうです。

黄緑の心理イメージワード

外向性	★★★
創造性	★★★★
繊細傾向	★★★
協調性	★★★
個性的	★★★★
感性豊か	★★★★

個性的
観察力
創造的
才能豊か
論理的

「緑」が好きな人はおだやかで平和主義。目立たない性格ですが、「黄緑」を2色目に選ぶ人は、個性的で創造的、才能豊かな人です。萌える若木のような瑞々しい感性があります。人と接するのは上手ですが、もしかしたら無理して疲れることも多いかもしれません。

緑 × 2番目に好きな色 の2色から性格分析！

紫
の
心理イメージワード

- 外向性 ★★★
- 創造性 ★★★★
- 繊細傾向 ★★★★
- 協調性 ★★★
- 個性的 ★★★
- 感受性 ★★★★

感覚的
二面性
創造的
繊細
孤独感

なかなか人に理解されず、誤解をされてしまうことも多いでしょう。人間関係では苦労しているかもしれません。「緑」の性格がより繊細になり、感覚的な要素ももち合わせます。その感覚が創作活動に向かうと、すばらしい作品を生み出せるはずです。

深い青
の
心理イメージワード

- 外向性 ★★★
- 創造性 ★★★
- 繊細傾向 ★★★
- 協調性 ★★★★
- 個性的 ★★★
- まじめさ ★★★★

協調性
保守的
不安定
まじめ
孤独感

「緑」と「深い青」、調和と協調の色です。人との関係をいつも考えて、人間関係で悩むことも多いのではないでしょうか。人とトラブルになるぐらいなら、自分ががまんしたほうがいいと思ってしまいがちです。まじめな性格が故に、さまざまなことを真剣に考えます。

藤色
の
心理イメージワード

- 外向性 ★★★
- 創造性 ★★★★
- 繊細傾向 ★★★★
- 協調性 ★★★
- 個性的 ★★★
- 感覚的 ★★★★

繊細
創造的
感性豊か
人見知り
感覚的

「緑」と「藤色」、両方ともに人間関係は苦手な要素があり、苦手な気持ちが色に出ていると思われます。特に初対面の人に苦労しますが、一度仲よくなってしまえば、相手とはうまくやっていけます。うまくひとりの時間をつくることでリセットして前に進めます。理屈よりも感覚が優っているタイプの人です。

水色
の
心理イメージワード

- 外向性 ★★
- 創造性 ★★★★
- 繊細傾向 ★★★★
- 協調性 ★★★★
- 個性的 ★★★
- おうち主義 ★★★★

創造的
感性豊か
分析的
優しい
繊細

繊細で優しい性格要素が「緑」に加わったような性格です。気持ちは外ではなく内側に向くので、家で何かをつくったり、趣味に浸ることが好きなタイプの人だと思われます。あいた時間があると、つい考えごとをしてしまいます。人に対しても自分より、相手を優先してしまう人かもしれません。

黒 の心理イメージワード

外向性	★★★
創造性	★★★
繊細傾向	★★★
協調性	★★★
個性的	★★★
こだわり	★★★★

防衛心
不安感
威圧的
聡明さ
頑固

「緑」が好きな人のなかにある頑固な部分が、「黒」によって強化される可能性があります。頑固な部分がよい形の「こだわり」として活かせるようにしましょう。聡明な人でもあるので、人間関係でもうまく立ち回れると思われます。スタイリッシュでおしゃれな感覚をもっている人もいるでしょう。

白 の心理イメージワード

外向性	★★★
創造性	★★★
繊細傾向	★★★
協調性	★★★
個性的	★★★
調和とバランス	★★★★

努力家
美意識
演技派
完璧主義
引き立て上手

「緑」が好きな人のなかにある個人主義の要素が「白」と組み合わさることで（白を選ぶような性格要素があることで）、強くなる可能性もあります。「白」の努力家や完璧主義な部分が「緑」の影響で、リラックスして整えば、調和のとれたバランスで自分を支えてくれると思います。

ここまで「緑」×「2番目に好きな色」の
主要な組み合わせを紹介しました。

その他の色との組み合わせ

2番目に好きな色として**ミントグリーン**を選ぶ人は自由で気分屋な性格傾向があるでしょう。
ベージュを選ぶ人は基本的に温厚で、思いやりがあって優しい人です。ただし、自己主張の部分が**緑**と似ていて、組み合わさることで強く出る人もいます。
赤紫を選ぶ人は、感覚的で行動力が出てくると思われます。

青緑
が好きな人

心理イメージワード

秘密主義
感性豊か
控えめ
解放感
独創的

性格傾向の深掘り

- 自分のことをあまり語りたがらず秘密を抱えやすい
- 控えめな姿勢でまじめな性格。本心を表になかなか出さないので、人から誤解されることもある
- 独創的な感性、人とは違った才能に恵まれている。その才能や強さを心の奥にしまっている人もいる
- ファッションやおしゃれをすることが好き
- 能力の高さや感性の鋭さをもつが、それをうまく表現できなかったり、主張できなかったりするため、苦しさを抱えていることがある。豊かな感情表現を抑えてしまうこともある
- 繊細な部分を心の奥に抱えている場合もある
- 「青緑」は空や海を表現する色にもなっており、そのためアウトドアが好きな人に選ばれる傾向もある。解放感を求めて行動的な人もいる

相性のよい相手

紺

上司

安定した性格で、的確な指示を出してくれるので、「紺」が好きな人は理想的な上司

橙

友人

行動力があり、人が集まってくるタイプの人とは友人でもパートナーでも相性がよい

黄色

パートナー

人が集まってくる「黄色」が好きな人はよい刺激になる。「ワインレッド」が好きな人もよさそう

茶色

友人

心が広く存在感があって、話を聞いてくれる「茶色」が好きな人とはよい関係が築けそう

2番目に好きな色の傾向

「青緑」は控えめでありながら強い気質を抱えているので、「ベージュ」や「グレイ」といったおだやかな色と組み合わさりやすい傾向があります。逆に強い部分を引き出すように「黄緑」「紫」といった個性的な色とも組み合わさりやすい色でもあります。

青緑 × 2番目に好きな色 の2色から性格分析！

薄いピンク の心理イメージワード

外向性	★★★
創造性	★★★
繊細傾向	★★★★
協調性	★★★
個性的	★★★★
芯のある優しさ	★★★★

繊細
優しい
恋愛願望
かわいいが好き
人が苦手

「青緑」が好きな人のなかでも繊細で優しい性格の人です。人が苦手な部分は「青緑」と似ていて、「青緑」が好きな人のなかで、より人に対して苦手意識がある繊細な人が２番目に「薄いピンク」を選ぶ傾向があります。ただし、弱々しく繊細なだけではなく、心のなかには強い芯が見えます。

赤 の心理イメージワード

外向性	★★★★
創造性	★★★
繊細傾向	★★★
協調性	★★
個性的	★★★★★
唯一無二さ	★★★★

行動的
正義感
愛情
努力家
わがまま

「青緑」の行動力が弱い部分を補完するような働きは推測できますが、あまり見られない組み合わせです。「赤」の強さが「青緑」の内に秘めた強さとマッチしないためではないかと推測できます。しかし、そうした組み合わせを好む人は強い個性、他の人にはない魅力がある人でしょう。

橙 の心理イメージワード

外向性	★★★★
創造性	★★★
繊細傾向	★★★
協調性	★★
個性的	★★★★
競争心	★★★★

親しみやすい
集団行動
競争心
好奇心
人間性

「青緑」が好きな人はクールな要素が強いのですが、そのなかでも親しみやすく、仲間と一緒に行動するような人は、２番目に「橙」を選ぶ傾向があります。好奇心も旺盛ですが、競争心が強く、人と争ってしまう要素もあるので注意したいところです。

濃いピンク の心理イメージワード

外向性	★★★★
創造性	★★★
繊細傾向	★★★
協調性	★★
個性的	★★★★
自己アピール力	★★★★

感情的
戦略行動
承認欲求
賢い
活動的

人の目を気にしてしまう部分があり、人に認めてもらいたい気持ちがありそうです。気持ちが外に向く傾向があり、直感的で繊細な部分があります。自己アピールをする能力も高いでしょう。現状を分析する能力に長けています。

青緑が好きな人

緑の心理イメージワード

- 外向性 ★★★
- 創造性 ★★★
- 繊細傾向 ★★★
- 協調性 ★★
- 個性的 ★★★★
- 個人行動が好き ★★★★

調和
癒し的
個人主義
平和主義
まじめ

２番目に好きな色に「緑」を選ぶ理由は、「青緑」の感性豊かで独創的な要素を癒しの「緑」で薄めようとするタイプと、「青緑」の控えめで落ち着いた部分を「緑」でなじませようとするタイプがいるようです。どちらにしても他人に心を開きにくく、ひとりで完結させる傾向があります。

黄色の心理イメージワード

- 外向性 ★★★★
- 創造性 ★★★
- 繊細傾向 ★★★
- 協調性 ★★
- 個性的 ★★★★
- 変身願望 ★★★★

好奇心
ユニーク
上昇志向
知的
変身願望

「青緑」を好む人は控えめな傾向があり、２番目に「黄色」を選ぶのは、もしかしたらもっと明るく、そして前に進みたい、変身したいという願望からかもしれません。知性が高く、賢い性格で、その賢さが前に進むことを阻害している可能性もあります。

明るい青の心理イメージワード

- 外向性 ★★★
- 創造性 ★★★★
- 繊細傾向 ★★★
- 協調性 ★★★
- 個性的 ★★★★
- 自己表現が上手 ★★★★

協調性
愛情
創造的
自己表現
自立心

控えめではありますが、芯の強さをもっている人もいて、「明るい青」を好むことでもその力を外に発散させようとしているようにも見えます。独創的な能力と創造的な部分がうまく出れば、自己表現もうまくできると思われます。協調性も愛情もあって優しい人です。

黄緑の心理イメージワード

- 外向性 ★★★
- 創造性 ★★★★
- 繊細傾向 ★★★
- 協調性 ★★
- 個性的 ★★★★★
- 豊かな才能 ★★★★★

個性的
観察力
創造的
才能豊か
論理的

「青緑」も「黄緑」も強い個性のもち主に好まれる色です。やや内向的な要素を秘めた「青緑」、外向的な要素をもつ「黄緑」。その両者の強さと不安定さを抱えているといえます。高い能力と感受性がうまく交わればとても素敵な才能が溢れてくるでしょう。

青緑 × 2番目に好きな色 の2色から性格分析！

紫の心理イメージワード

外向性	★★★
創造性	★★★★
繊細傾向	★★★
協調性	★★
個性的	★★★★★
感覚優位	★★★★★

感覚的
二面性
創造的
繊細
孤独感

「青緑」は「青」と「緑」の中間にある色で、やや不安定な部分をもっている色であり、その不安定な部分を「青」と「赤」でつくる不安定な「紫」に求める人もいます。すると、感覚が研ぎ澄まされたり、創造性に向かったりします。魅力的な強い感覚を有する個性をもつ人でしょう。

深い青の心理イメージワード

外向性	★★
創造性	★★★
繊細傾向	★★★
協調性	★★★★
個性的	★★★
孤独感	★★★★

協調性
保守的
不安定
まじめ
孤独感

「深い青」を２番目に選ぶ人は、気持ちが内側に向いている人でしょう。協調性の高さは、人とのトラブルを避けるためのものである可能性が高く、他人を避けたい思いもあるかもしれません。まじめで保守的、内側に気持ちが向きやすい人は孤独感を抱えるタイプも少なくないでしょう。

藤色の心理イメージワード

外向性	★★
創造性	★★★★
繊細傾向	★★★★
協調性	★★
個性的	★★★★
気配り	★★★★

繊細
創造的
感性豊か
人見知り
感覚的

繊細で傷つきやすい性格傾向が見られます。基本的には人と接することは好きではないと思います。控えめで、まじめ、優しい性格の人。その繊細さは気配りにもつながります。感性が他の人よりも強くて、アートや芸術的なものを好む人も多いでしょう。

水色の心理イメージワード

外向性	★★
創造性	★★★★
繊細傾向	★★★
協調性	★★★
個性的	★★★
感受性	★★★★

創造的
感性豊か
分析的
優しい
繊細

「青緑」が好きな人のなかでも、感性の豊かさが創造性に出ていたり、対人的に優しい性格に出ている人でしょう。感受性が強く、それを発散できないと内面で苦しい感情を抱きやすいのですが、発散先として創作や人付き合いに向かうと、自分の心もおだやかになっていきます。

青緑が好きな人

黒の心理イメージワード

外向性	★★★
創造性	★★★
繊細傾向	★★★
協調性	★★
個性的	★★★★
防衛心	★★★★

防衛心
不安感
威圧的
聡明さ
頑固

「黒」のこだわりや頑固な面などが強く出る人がいます。心の奥底の不安を隠したい防衛心や、強くなりたいという気持ちから「黒」を求め、「青緑」の不安定な部分を保とうとします。出てくる強さは人それぞれですが、強く出すぎると人間関係でも苦労するので注意が必要です。

白の心理イメージワード

外向性	★★★
創造性	★★★
繊細傾向	★★★
協調性	★★
個性的	★★★★
努力家	★★★★

努力家
美意識
演技派
完璧主義
引き立て上手

「白」には２つの面があり、努力家でストイックなタイプの人と、「白」の美しさに憧れて取り込みたいと考えている人です。前者は「青緑」のまじめな性格と組み合わさりやすく、努力家の部分が出ます。後者は控えめで、繊細な傾向も強く出てきます。

ここまで「青緑」×「２番目に好きな色」の
主要な組み合わせを紹介しました。

その他の色との組み合わせ

２番目に好きな色として**紺**を選ぶ人は安定的で判断力も高く、**茶色**を選ぶ人は優しくて責任感のある人でしょう。
グレイを選ぶ人は控えめな部分が強く、人間関係でも苦労しそうです。
赤紫を選ぶ人は言葉にするのが得意でなく誤解されやすく、人が苦手な場合も。でも心が美しく優しい人です。

明るい青

が 好きな人

心理イメージワード

協調性
愛情
創造的
自己表現
自立心

性格傾向の深掘り

- 協調性を大切にしながら、自分の意見も勇気をもっていえるバランス感覚の優れた人
- 誰とでも付き合えるが、人付き合いは得意ではなく、どちらかといえば苦手という自覚がある
- 思いやりがあって深い愛情をもっている。「優しい」といわれることは少なくても、本当はとても優しい人
- 創作活動や自己表現が得意
- 思考型の性質があり、ついつい考えこむこともある
- 衝動的に動くことよりも、計画的に考えてから行動することが多い。「明るい青」が好きな人のなかには行動的な人もいる
- 自立心が強く、誰かを頼るよりは自分で行動したいと思う
- 青を好む人のなかでは精神的に強いほうだが、それでも落ち込んでしまうこともある

相性のよい相手

グレイ

上司

控えめでありながら、良識的な態度をとる「グレイ」が好きな人は理想の上司

紫

友人

合う人、合わない人が極端ではあるけれど、「紫」の二面性や感覚的なところは刺激になる

赤

パートナー

恋愛感情をストレートに表現してくれる人とは相性がよい

黄色

友人

一緒に行動できて好奇心も高く、前向きになれる「黄色」が好きな人とは相性がよい

2番目に好きな色の傾向

青は同系色で好まれやすい色で、「深い青」「水色」「紺」などを2番目に選ぶ人も多い傾向にあります。より優しい人は「薄いピンク」「藤色」「ベージュ」を選びやすいでしょう。無彩色なら「黒」よりは「白」を好む人が多いです。

明るい青 × 2番目に好きな色 の2色から性格分析！

薄いピンク の心理イメージワード

- 外向性 ★★★
- 創造性 ★★★★
- 繊細傾向 ★★★★
- 協調性 ★★★★★
- 個性的 ★★
- 思いやり ★★★★

繊細
優しい
恋愛願望
かわいいが好き
人が苦手

優しい人間性が出てくる組み合わせです。自分も他人も大切にする性格ですが、いざというときには他人を尊重して優先し、自分を抑えられる性格でしょう。揉めごとが嫌いで逃げているのではなく、相手の気持ちをくみ取って、引くことができる人なのです。

赤 の心理イメージワード

- 外向性 ★★★★★
- 創造性 ★★★★
- 繊細傾向 ★★
- 協調性 ★★★
- 個性的 ★★★
- リーダーシップ ★★★★

行動的
正義感
愛情
努力家
わがまま

「明るい青」が好きな人のなかには、外にも気持ちが向く人がいます。2番目に好きな色に「赤」を選ぶ人は、特にその傾向が見られます。正義感や愛情深さをもった、努力家な人でしょう。協調性もあり、攻守の両方をもつ優れたリーダー的な性格です。

橙 の心理イメージワード

- 外向性 ★★★★★
- 創造性 ★★★★
- 繊細傾向 ★★
- 協調性 ★★★
- 個性的 ★★
- 人間性 ★★★★

親しみやすい
集団行動
競争心
好奇心
人間性

「明るい青」を好む人のなかには行動的な人もいて、行動的な部分が強い人は2番目に「橙」を選ぶ人もいます。また、仲間を大切に思いやる人格者的な人間性の高い性格も見られます。好奇心が強く、それが創造性などにつながっている人もいます。

濃いピンク の心理イメージワード

- 外向性 ★★★★
- 創造性 ★★★★
- 繊細傾向 ★★
- 協調性 ★★★
- 個性的 ★★
- 思慮深さ ★★★★

感情的
戦略行動
承認欲求
賢い
活動的

「明るい青」を好む人は感情的には動かない傾向がありますが、2番目に「濃いピンク」を選んだ人は、感情的に判断する部分もあると思われます。しかし、基本的には計画的でよくものを考えて判断し、目的に向かう深い分析力、思考力、適応力をもっている頭のよい人です。

緑の心理イメージワード

- 外向性 ★★★
- 創造性 ★★★★
- 繊細傾向 ★★
- 協調性 ★★★★
- 個性的 ★★
- こだわり ★★★★

調和
癒し的
個人主義
平和主義
まじめ

人と争うことを好まず、誰とでもうまく付き合える、協調と調和の人です。温和な性格で、激昂するようなことは少ないと思われますが、なんでも相手に合わせるのではなく、自分のポリシーは崩さないこだわりがあります。問題解決力にも優れた才能があります。

黄色の心理イメージワード

- 外向性 ★★★★
- 創造性 ★★★★
- 繊細傾向 ★★
- 協調性 ★★★★
- 個性的 ★★
- 中心的人物 ★★★★

好奇心
ユニーク
上昇志向
知的
変身願望

好奇心が強く、上昇志向もあって、明るく眩しい、のぼる太陽のような輝きがある人です。外向性も内向性もあり、賢い人なので企画力も話術も表現力もあります。グループの中心的なポジションにいて、多くの人を率いる才能もあるでしょう。

青緑の心理イメージワード

- 外向性 ★★★
- 創造性 ★★★★
- 繊細傾向 ★★
- 協調性 ★★★★
- 個性的 ★★★★
- 独創的な発想 ★★★★

秘密主義
感性豊か
控えめ
解放感
独創的

洗練された品格と控えめな姿勢、自分を主張しすぎない配慮。しかしながら、誰とも違う鋭い視点や感覚をもつ人です。目立つタイプではないですが、多くの人が一目を置く、そんな人でしょう。自分の気持ちまで隠してしまって、クールに見られることがありますが、本当は優しい人です。

黄緑の心理イメージワード

- 外向性 ★★★
- 創造性 ★★★★★
- 繊細傾向 ★★
- 協調性 ★★★★
- 個性的 ★★★★
- 多彩な才能 ★★★★

個性的
観察力
創造的
才能豊か
論理的

創造性をはじめさまざまな才能と観察力をもった人で、強い個性が人の目を引くでしょう。ものづくりや創作活動で才能が花開くタイプですが、ビジネス全般に広い視野とアイデアを武器に活躍できる才能を秘めています。理論的な思考の持ち主だと思われます。

明るい青 × 2番目に好きな色 の2色から性格分析！

紫の心理イメージワード

- 外向性 ★★★
- 創造性 ★★★★★
- 繊細傾向 ★★★
- 協調性 ★★★★
- 個性的 ★★★
- 行動的&思考的 ★★★★

感覚的
二面性
創造的
繊細
孤独感

行動的な部分と思考的な部分、２つの性質があり、悩むことも多く、孤独感を抱えることもある人です。創作性が高まって、何かをつくることが好きな人もいますし、「青」のもつ不安定な部分が「紫」によって引き出されてしまうこともあります。

深い青の心理イメージワード

- 外向性 ★★
- 創造性 ★★★★
- 繊細傾向 ★★
- 協調性 ★★★★★
- 個性的 ★★
- 愛情、優しさ ★★★★

協調性
保守的
不安定
まじめ
孤独感

青ならば明るい鮮やかな青も深みのある濃い青も好きという青好きな人は、他人に足並みを合わせる協調性が特徴的です。人に対しての愛情、優しさが目立ちます。繊細さもありますが、「明るい青」を最も好むことからも自分の主張もできるタイプの人だといえます。

藤色の心理イメージワード

- 外向性 ★★
- 創造性 ★★★★★
- 繊細傾向 ★★★★
- 協調性 ★★★★
- 個性的 ★★
- 初対面苦手 ★★★★

繊細
創造的
感性豊か
人見知り
感覚的

「明るい青」が好きな人の性格そのままに、より繊細で創造的な部分が深まったような性格傾向が見られます。人間関係は苦手で、特に初対面の人とはなかなか話せないタイプでしょう。人間関係では不安を抱えている人も多いかもしれません。

水色の心理イメージワード

- 外向性 ★★
- 創造性 ★★★★★
- 繊細傾向 ★★★★
- 協調性 ★★★★
- 個性的 ★★
- 思考的傾向 ★★★★

創造的
感性豊か
分析的
優しい
繊細

単色で「明るい青」を好む人よりも、創造性がより強く、感性がより豊かな人でしょう。個人差はありますが、総じて優しく繊細な性格傾向が見られます。また、思考傾向が強く、いつも何かを考えているような人です。よく考えてから行動をする傾向が見られます。

明るい青が好きな人

黒の心理イメージワード

外向性	★★★
創造性	★★★★
繊細傾向	★★
協調性	★★★★
個性的	★★
防衛心	★★★★

防衛心
不安感
威圧的
聡明さ
頑固

保守的で防衛的な色の組み合わせです。不安傾向が強いと、心を守る目的で協調的な色や防衛的な色が好まれる場合があります。好きな色は青だけど、黒い服ばかり着ているというケースは、何かから自分を守りたい気持ちがあるからかもしれません。

白の心理イメージワード

外向性	★★★
創造性	★★★★
繊細傾向	★★
協調性	★★★★
個性的	★★
優しさ	★★★★

努力家
美意識
演技派
完璧主義
引き立て上手

「白」が好きな人に見られる美意識の高さや努力家で完璧主義な部分が出る人もいますが、一般的には「明るい青」のもつ優しさや自己表現をより演出するように出てくることが多いでしょう。「明るい青」の優しさが強調されたり、協調性が高まる人がいます。

ここまで「明るい青」×「２番目に好きな色」の主要な組み合わせを紹介しました。

その他の色との組み合わせ

２番目に好きな色として、**グレイ**を選ぶ人もまた人付き合いの苦手なタイプが多いかもしれません。
ワインレッドを選ぶ人はおしゃれな人、もしくはおしゃれでありたいと思う人でしょう。
ベージュを選ぶ人は優しく温厚な部分が強く見られます。
金を選ぶ人は理想が高く、面倒見のよいタイプです。

深い青

が
好きな人

心理イメージワード

協調性
保守的
不安定
まじめ
孤独感

性格傾向の深掘り

- グループの調和を大切にして調整する。自分の意見よりも他人の意見を優先して、自分のいいたいことを遠慮してしまう。異なった意見の議論も嫌い
- 偉い人の意見には反発しないで従う
- ついつい物事を深く考えてしまい、落ち込んだり、悩んだりすることが多い
- 冒険するよりも無難な選択をしてしまう。いつも行く飲食店ではいつも同じものを頼む
- 粘り強くまじめに仕事をするので、周りからの評価は高い。他人が自分をどう評価しているかは気になる。でも自分をよく見せることは苦手
- 衝動的に行動することは少ない。道を踏み外すようなことはめったにしないが、する場合は自分のなかで正当化する理由が必要になる

相性のよい相手

茶色

上司

強い上司では萎縮してしまうが、「茶色」が好きな人なら器も大きく、最適な相手

紺

友人

自分より心が安定している相手として、安心してさまざまなことを話せるはず

白

パートナー

「白」が好きな人のもつ美意識や努力家の部分は憧れであり、尊敬できる相手として長続きする

水色

友人

感性が豊かな「水色」が好きな人といると、自分の世界を広げてもらえる。同系色、創造の色神グループで相性はよい

2番目に好きな色の傾向

暖色系の色とはなかなか組み合わさりにくく、出てくる場合は「その特性を取り入れたい」という願望の可能性が高いです。より内向的な人は「紫」「紺」を選ぶ傾向があります。繊細な傾向が強いと「薄いピンク」「水色」「藤色」も選ばれます。

深い青 × 2番目に好きな色 の2色から性格分析！

薄いピンク の心理イメージワード

外向性	★
創造性	★★★
繊細傾向	★★★★★
協調性	★★★★★
個性的	★★
ガラスの心	★★★★

繊細
優しい
恋愛願望
かわいいが好き
人が苦手

「深い青」が好きな人のなかでも繊細傾向が強く、優しい性格傾向がみられます。薄いガラスの彫刻のような壊れそうな繊細さがあります。他人の影響を受けやすく、不安定になることもあります。もう少し強く生きるために、「明るい青」や暖色系の色も取り入れてみてはいかがでしょうか。

赤 の心理イメージワード

外向性	★★★
創造性	★★★
繊細傾向	★★★
協調性	★★★★★
個性的	★★★★
変身願望	★★★★

行動的
正義感
愛情
努力家
わがまま

「赤」×「深い青」よりも「深い青」×「赤」の順番で好む人のほうが多くいます。「赤」を2番目に選ぶのは、「赤」のように強くなりたいという願望の可能性もあります。行動的な力、正義感、強い愛情をもちたい、強くなりたいという変化を求める願望です。

橙 の心理イメージワード

外向性	★★★
創造性	★★★
繊細傾向	★★★
協調性	★★★★★
個性的	★★★
フレンドリーさ	★★★★

親しみやすい
集団行動
競争心
好奇心
人間性

「橙」を好む人に見られる行動力、フレンドリーな人間性は、「深い青」を好む人にとって憧れに感じる場合もあります。協調性の高さに親しみやすさが加わり、相手を尊重する器の大きさを感じる人でもあります。知的でまじめな性格で、人が集まるタイプでしょう。

濃いピンク の心理イメージワード

外向性	★★★
創造性	★★★
繊細傾向	★★★
協調性	★★★★
個性的	★★★
自己分析的	★★★★

感情的
戦略行動
承認欲求
賢い
活動的

他者の視線や評価を気にして、よく見られたいという気持ちが心に眠っているかもしれません。つい他人を意識してしまいますが、それはけっして悪いことではなく、自身の啓発や、自分を律して行動することにもつながり、「濃いピンク」を好む人はそうした自己分析的な賢さもあります。

深い青
が好きな人

緑
の
心理イメージワード

外向性	★★
創造性	★★★
繊細傾向	★★★
協調性	★★★★★
個性的	★★
自由人	★★★★

調和
癒し的
個人主義
平和主義
まじめ

協調と調和を図り、人間関係のトラブルをできるだけ避けて、平穏にそして自由にすごそうとする性格傾向があります。まじめな部分をもちながら、機転がきいたり、要領のよさが出てくるかもしれません。組織のなかの自分と、個人の自分とをうまく使いこなそうとする賢い人です。

黄色
の
心理イメージワード

外向性	★★★
創造性	★★★
繊細傾向	★★★
協調性	★★★★
個性的	★★
挑戦心	★★★★

好奇心
ユニーク
上昇志向
知的
変身願望

「深い青」を単色で好む人は気持ちが内側に向きやすくて、余計なことも考えて傷ついてしまうのですが、2番目に「黄色」を好む人は、前向きで気持ちを切り替えられる性質ももっています。好奇心をもって前に進みたいという感情があり、挑戦したい気持ちがふつふつと心の奥で機会をうかがっています。

青緑
の
心理イメージワード

外向性	★★★
創造性	★★★
繊細傾向	★★★
協調性	★★★
個性的	★★
理解されにくさ	★★★★

秘密主義
感性豊か
控えめ
解放感
独創的

控えめな姿勢、態度ですが、「深い青」を好む人のなかではやや外向的な性格傾向が見られます。豊かな感性をもっていて、心が動きやすいタイプの人です。独創的な感覚をもっていますが、表現がうまくできずに、理解されにくい傾向もあります。

黄緑
の
心理イメージワード

外向性	★★
創造性	★★★
繊細傾向	★★★
協調性	★★★★
個性的	★★★
問題突破力	★★★★

個性的
観察力
創造的
才能豊か
論理的

豊かな才能をもち、観察力と思慮深い考えを武器に進んでいける人です。キラリと光る発想力、企画力はさまざまな問題を突破できるでしょう。個性は強くても、目立ったり、他人を押し退けることはなく、協調的に進めることができる賢い人です。

深い青 × 2番目に好きな色 の2色から性格分析！

紫 の心理イメージワード

外向性 ★
創造性 ★★★★★
繊細傾向 ★★★
協調性 ★★★★★
個性的 ★★★★
芸術は爆発だ ★★★★★

感覚的
二面性
創造的
繊細
孤独感

「深い青」の性格特性は縦社会の会社員がなりやすい性格でもありますが、2番目に「紫」を選択する人は、ガラリと性格が異なります。感覚優位で、感受性の高い性格で芸術家のような要素が加わります。メンタル的にも不安定になりますが、その心の動きが創作に向かうとすばらしいものを生み出す力になるはずです。

明るい青 の心理イメージワード

外向性 ★
創造性 ★★★
繊細傾向 ★★★
協調性 ★★★★★
個性的 ★★
思考性(内向性) ★★★★

協調性
愛情
創造的
自己表現
自立心

「深い青」「明るい青」両方の青の性格傾向をもっている人です。協調性が高く、気持ちが内側（自分の心）に向かいやすく、行動するよりも考えてしまう内向性·思考性の傾向が強くあります。1番目に好きな色として「深い青」を選択したことから、より心に向かいやすい傾向が見られます。

藤色 の心理イメージワード

外向性 ★
創造性 ★★★★
繊細傾向 ★★★★★
協調性 ★★★★★
個性的 ★★
感度の高さ ★★★★

繊細
創造的
感性豊か
人見知り
感覚的

優しくて繊細、特に心が不安定になりやすい傾向があります。紫系の色は総じて、不安定傾向が出やすく、「藤色」はそこに優しさと繊細さが加わります。「深い青」と組み合わさりやすい色のひとつです。感覚的に研ぎ澄まされている人も多く、感度も高いため、つらいと感じることも多いかもしれません。

水色 の心理イメージワード

外向性 ★
創造性 ★★★★
繊細傾向 ★★★★
協調性 ★★★★★
個性的 ★★
建設的発想 ★★★★

創造的
感性豊か
分析的
優しい
繊細

「深い青」の性格傾向より、繊細で優しい性格傾向が見られる人です。単純に受け身ということではなく、さまざまなものを吸収し、分析して表現したり、改善したりしていく建設的な部分もあります。また、「赤」や「橙」といった強い外向性ではなく、小さな解放感を求めるときも「水色」を求めます。

深い青

が好きな人

黒の心理イメージワード

外向性	★
創造性	★★★
繊細傾向	★★★
協調性	★★★
個性的	★★★
防衛心	★★★★

防衛心
不安感
威圧的
聡明さ
頑固

２番目に「黒」を選ぶ人は、不安定な部分を防衛したい気持ちの表れである可能性が高いでしょう。「黒」の力を借りて外部からの力を遮断しようとしたり、気持ちを安定させようとします。あえて、協調性を抑制して自己主体的に動いて心を守ろうとする人もいます。

白の心理イメージワード

外向性	★★
創造性	★★★
繊細傾向	★★★
協調性	★★★★★
個性的	★★
努力家	★★★★

努力家
美意識
演技派
完璧主義
引き立て上手

「深い青」を好む人はまじめでコツコツと仕事をするような人が多く、その傾向が強まると「白」の完璧主義で努力家な部分を求める傾向があります。自分を律して、努力を続けていきます。自分は努力家ではないと思う人は、「白」の性質に憧れを抱いている可能性が高いでしょう。

ここまで「深い青」×「２番目に好きな色」の主要な組み合わせを紹介しました。

その他の色との組み合わせ

２番目に好きな色として**ベージュ**を選んだ人は繊細で協調性も強いでしょう。メンタルをやられてしまいがちです。

紺を選ぶ人は、優れた判断力があり人に合わせる行動をします。

茶色を選ぶ人は責任感の強い人、**グレイ**を選ぶ人は人付き合いの苦手さが際立ちます。

紫が好きな人

心理イメージワード

感覚的
二面性
創造的
繊細
孤独感

性格傾向の深掘り

- 動的な赤と静的な青を混ぜてつくる「紫」は、気持ちが外側に向く部分と内側に向く部分の両方をもつことが多く、性格も複雑でそのため不思議で魅力的な人が多い
- 同じ「紫」でも「赤紫」に寄ると外向的性格が、「青紫」に寄ると内向的性格が出てくる
- 情熱的に向き合う部分と、冷静にものごとを見ている部分の２つの側面がある
- 行動が他人から理解されにくく、「気まぐれ」と評価され、誤解されることが多い。そのため孤独感を抱える人も多い
- 神秘的なものを好む人が多い
- 繊細な傾向があり、人間関係で苦労することも
- 音楽、文学、絵画、アート的なものにひかれる
- 感情は外に向いても、なぜか心は内にこもる

相性のよい相手

緑

上司

調和をとりながらも自分の信念でものごとを進めていける「緑」好きの器用さは勉強になるはず

藤色

友人

「紫」の気持ちを理解でき、優しさをもつ「藤色」を好む人はよい友人になる可能性がある

黄色

パートナー

落ち込みやすい「紫」にとって「黄色」が好きな人は眩しい光になる。ただし眩しすぎると感じる人も

明るい青

友人

「紫」と同系色が合わない人もいるので、「明るい青」を好む人の優しさと前向きさに救われるはず

2番目に好きな色の傾向

「紫」は複雑な色ですが、複雑であるが故にさまざまな色と組み合わさります。たとえば行動的な性質がある人は「赤」や「濃いピンク」「赤紫」を選びやすくなります。「紫」が好きな人は複雑だからこそ魅力的でもあります。

紫 × 2番目に好きな色 の2色から性格分析！

薄いピンク の心理イメージワード

外向性	★★
創造性	★★★★★
繊細傾向	★★★★★
協調性	★★★
個性的	★★★
温和で優しい	★★★★

繊細
優しい
恋愛願望
かわいいが好き
人が苦手

「紫」が好きな人のなかでも繊細な傾向が強い人に好まれる組み合わせです。特に人間関係で悩んだり苦しんだりすることが多いのではないでしょうか。温和な性格で争いごとを好まず、ひとりでいることを望みますが、それでも人を求めてしまう複雑な感情があります。

赤 の心理イメージワード

外向性	★★★★
創造性	★★★★
繊細傾向	★★★
協調性	★★
個性的	★★★★★
強い精神力	★★★★★

行動的
正義感
愛情
努力家
わがまま

鋭い感性と行動力がある人で、内側に向きやすい気持ちを外側に向けながら、ものごとを前に進める精神力の強い人でもあります。強くありたいという願望から「赤」を選ぶ人もいます。その強さは諸刃の剣でもあるので、無理をしすぎて心を壊さないように注意したいところです。

橙 の心理イメージワード

外向性	★★★★
創造性	★★★★★
繊細傾向	★★★★
協調性	★★
個性的	★★★★★
好奇心	★★★★

親しみやすい
集団行動
競争心
好奇心
人間性

「紫」が好きな人は「個」で行動しやすいタイプですが、2番目に「橙」も好む人は、集団行動や仲間と一緒に行動できる人でもあります。嫉妬心のようなものをもたずに、一緒に楽しく行動できれば多幸感も増すでしょう。好奇心が行動に結びつく素直な人です。

濃いピンク の心理イメージワード

外向性	★★★
創造性	★★★★
繊細傾向	★★★
協調性	★★
個性的	★★★★★
存在感	★★★★★

感情的
戦略行動
承認欲求
賢い
活動的

「紫」が好きな人のなかでもより行動的で、心が動きやすい性格であるといえるでしょう。頭のよさと強い個性が特徴的で、発言力もあるインパクトのある人でしょう。誰もが二度見するような、存在感のある人かもしれません。

緑の心理イメージワード

外向性	★★★
創造性	★★★★★
繊細傾向	★★★
協調性	★★
個性的	★★★★
安定と調和	★★★★

調和
癒し的
個人主義
平和主義
まじめ

不安定になりやすい「紫」が好きな人にとって、「緑」は調和をとろうとする思いが乗った安定の色になります。人間関係で苦労しながらも、自分の感情を大事にしようとする気持ちがあるでしょう。まじめで平和主義、温和で優しい性格の人だと思われます。

黄色の心理イメージワード

外向性	★★★
創造性	★★★★★
繊細傾向	★★★★
協調性	★★
個性的	★★★★
変わりたい願望	★★★★★

好奇心
ユニーク
上昇志向
知的
変身願望

「紫」が好きな人の性格傾向である不安定さが強まったり、モヤモヤした気持ちが飽和してくると、明るくまぶしい「黄色」を求める感情が生まれやすくなります。前に進みたい気持ち、今の自分から変わりたい気持ちなどが溢れて、2番目に「黄色」を選ぶケースもあります。

青緑の心理イメージワード

外向性	★★
創造性	★★★★★
繊細傾向	★★★★
協調性	★★
個性的	★★★★★
アートな生活	★★★★

秘密主義
感性豊か
控えめ
解放感
独創的

「青緑」も「紫」と同じく不安定さや二面性を抱える性格傾向のある色なので、「紫」が好きな人がさらに好む色のひとつです。気持ちが外に向くこともありますが、内側に向くことが多く、研ぎ澄まされた感覚や感性の影響でアートに触れたり、他の人がしないことに心が躍ったりしそうです。

黄緑の心理イメージワード

外向性	★★
創造性	★★★★★
繊細傾向	★★★★
協調性	★★
個性的	★★★★★
自分らしい感性	★★★★★

個性的
観察力
創造的
才能豊か
論理的

強い個性があり、創造性が高く、才能豊かで感性も研ぎ澄まされた人です。ただし、その強さゆえに周囲に理解されないという気持ちがあり、孤独感があるのではないでしょうか。無理に抑え込む必要はなく、「あなたはあなた」。自分らしい感性を大切にしてほしいです。

紫 × 2番目に好きな色 の2色から性格分析！

水色の心理イメージワード

外向性	★★
創造性	★★★★★
繊細傾向	★★★★
協調性	★★★
個性的	★★★★
秘めた才能	★★★★

創造的
感性豊か
分析的
優しい
繊細

繊細で優しい人ですが、内向的な性質がクリエイティブな感性に向くなど別なものに向かいやすい性質が見られます。感覚的に落ち込むよりは、考えて行動し、何かを改善しようと試みます。創造性は多岐にわたる可能性があり、多くの可能性を秘めた人です。

明るい青の心理イメージワード

外向性	★★
創造性	★★★★★
繊細傾向	★★★
協調性	★★★
個性的	★★★★★
頼れる存在	★★★★★

協調性
愛情
創造的
自己表現
自立心

気持ちが内側にこもりやすいなかでも、外に向かって気持ちを向けたいという感情がありそうです。協調性も自分の思いも大事にできて、豊かな自己表現もできる人です。愛情も豊かで優しく、頼りになる兄·姉のようなタイプの人でもあります。

藤色の心理イメージワード

外向性	★★
創造性	★★★★★
繊細傾向	★★★★
協調性	★★
個性的	★★★
感受性	★★★★★

繊細
創造的
感性豊か
人見知り
感覚的

「紫」の性質が強く出たタイプの人で、「紫」の性格がさらに優しく繊細になった人です。傷つきやすく不安定。自分の内面にあるものを形にするのは上手ですが、口頭でそれを誰かに伝えるのは得意ではありません。感性の豊かさ、感受性が極めて強い人といえるでしょう。

深い青の心理イメージワード

外向性	★★
創造性	★★★★
繊細傾向	★★★★
協調性	★★★★
個性的	★★★★
寄り添える人	★★★★

協調性
保守的
不安定
まじめ
孤独感

「深い青」や「青紫」に近くなるような色を好む人は、心が内側に向かいやすい性質があります。情緒が不安定になりやすく、引きこもる傾向があります。自分のことをあまり主張しない聞き上手で、相手の感情をくみ取る能力に長けています。まじめで優しい人です。

紫が好きな人

黒の心理イメージワード

外向性	★★
創造性	★★★★★
繊細傾向	★★★★
協調性	★★
個性的	★★★★★
二面性・感覚派	★★★★

防衛心
不安感
威圧的
聡明さ
頑固

「黒」に「紫」という組み合わせの人はなかなか個性的な人です。「紫」の二面性が強くなって出る人もいます。感覚的な部分が強くなる人もいます。また、「紫」は不安定な色ですから、「黒」で補完したい、安定させたいという願望から選ぶ人もいます。

白の心理イメージワード

外向性	★★
創造性	★★★★
繊細傾向	★★★
協調性	★★
個性的	★★★★
鋭い感覚	★★★★

努力家
美意識
演技派
完璧主義
引き立て上手

完璧主義な部分が強く出る人は、「紫」が好きな人の性格からいって、気持ちを切り替えにくく、つらい思いをすることが増えると思います。「白」の相手の色をなじませるような部分が強く出れば、「紫」の強さと弱さが調和されて、鋭い感覚をもった人になるでしょう。

ここまで「紫」×「2番目に好きな色」の
主要な組み合わせを紹介しました。

その他の色との組み合わせ

2番目に好きな色として**赤紫**を選ぶ人は、感覚優位の人。その鋭い感性は普通の人が見えない、その先も見えているはずです。

ミントグリーンを選ぶ人は、気まぐれさが加わる人もいます。

金を選ぶ人は、スピリチュアルが好きで理想が高いお金持ちというインパクトのあるタイプかもしれません。

藤色

が好きな人

心理イメージワード

繊細
創造的
感性豊か
人見知り
感覚的

性格傾向の深掘り

- 思いやりがあって優しい性格、人に頼まれると断るのが苦手、つい無理して引き受けてしまう
- 人見知りの傾向が強く、初対面で人と話すことが苦手。しかし、一度仲よくなった相手とは話が弾む
- 人を押し退けて話をしたり、会話を遮って話をしたりするような人ではないが、「理解してもらいたい」気持ちが強い人もいる
- 誰かの何気ないひとことで傷つく繊細な部分がある。落ち込むと気持ちをなかなか切り替えられない。立ち直るのに時間がかかる
- 不安な感情を抱えていることが多い。不安なものは将来だったり、自分でもよくわからない感情だったりする
- 芸術的なものが好き、自分で創作する人もいる。論理的に組み立てるよりも、感覚で何かをつくるほうが得意

相性のよい相手

深い青

上司

協調を大事にまじめで誠実な「深い青」を好む人は、不安を抱えやすい「藤色」が好きな人にとって頼りになる

橙

友人

内向性が高い「藤色」が好きな人は、明るく行動的な「橙」が好きな人に救われることも

薄いピンク

パートナー

繊細な「藤色」が好きな人には、優しくて思いやりのある「薄いピンク」が好きな人と相性がよい

ミントグリーン

友人

自分に率直で、自由さがある「ミントグリーン」好きは、「藤色」が好きな人には魅力的に見える

2番目に好きな色の傾向

「白」「水色」「薄いピンク」とパステルトーンでまとまるケースが多いでしょう。論理的な思考をもっている人は「紺」「深い青」「黄緑」などを2番目に選びやすいです。また感覚的な傾向が強い人は「赤紫」「紫」といった紫系を選ぶ傾向があります。

藤色 × 2番目に好きな色 の2色から性格分析！

緑の心理イメージワード

- 外向性 ★★
- 創造性 ★★★★
- 繊細傾向 ★★★★
- 協調性 ★★★
- 個性的 ★★
- バランス感覚 ★★★★

調和
癒し的
個人主義
平和主義
まじめ

まじめで温厚な性格。人間関係は得意ではありませんが、人との調和も考えられる人です。人に流されすぎずに自分をしっかりもっていて、自分のやりたいこともできるバランスのとれた性格です。ストレスを受けにくい性格でもあります。

薄いピンクの心理イメージワード

- 外向性 ★
- 創造性 ★★★★
- 繊細傾向 ★★★★★
- 協調性 ★★★
- 個性的 ★★
- 思いやり ★★★★

繊細
優しい
恋愛願望
かわいいが好き
人が苦手

「藤色」が好きな人のなかでもより繊細な人です。誰に対しても裏表なく優しく思いやりをもって接します。ただ、人間関係で振り回されたり、何気ないひとことに傷ついて引きずったりしてしまうこともあるでしょう。苦労することが多そうですが、周りを幸せにできる人です。

深い青の心理イメージワード

- 外向性 ★
- 創造性 ★★★★
- 繊細傾向 ★★★★
- 協調性 ★★★★
- 個性的 ★★
- 感覚&思慮深さ ★★★★

協調性
保守的
不安定
まじめ
孤独感

感覚的に物事を判断してしまう部分と、思慮深くじっくりと考えて判断する両面があります。協調性が高く誰にでも合わせられますが、自分の意見も遠慮してしまう傾向があります。悩んだり落ち込んだりしやすい性質があり、孤独感を抱えやすい部分もあります。

黄緑の心理イメージワード

- 外向性 ★★
- 創造性 ★★★★★
- 繊細傾向 ★★★★
- 協調性 ★★★
- 個性的 ★★★★
- 秘められた才能 ★★★★

個性的
観察力
創造的
才能豊か
論理的

個性に恵まれたクリエイティブな人です。感覚的な視点と論理的な視点の両方をもっています。感覚優位の思考を論理的にカバーしようとしている人です。チャレンジ精神があり、秘められた才能があります。内に向きやすい「藤色」の性質を「黄緑」の多彩さがフォローします。

藤色が好きな人

白の心理イメージワード

外向性	★★
創造性	★★★★★
繊細傾向	★★★★★
協調性	★★★★
個性的	★★
感性豊か	☆☆☆☆

努力家
美意識
演技派
完璧主義
引き立て上手

「白」がまるで「藤色」の性質を引き立てるような働きをして、より優しくてものごとを深く捉える創造的な性格傾向になります。人見知りで人間関係も得意ではありませんが、人に見られることを意識して、容姿を気にするタイプの人は、人間関係もうまくこなしていくようになります。

水色の心理イメージワード

外向性	★
創造性	★★★★
繊細傾向	★★★★
協調性	★★★
個性的	★★
器用さ	☆☆☆☆

創造的
感性豊か
分析的
優しい
繊細

感性が豊かな人で、感受性の強さが繊細さと結びつくと落ち込みやすい性格になります。器用な人でさまざまな道具を活用して、情報を得たり、表現力を演出したりできる人です。なにかのきっかけで噴火する感情の爆発力も秘めています。

ここまで「藤色」×「2番目に好きな色」として好まれやすい組み合わせを紹介しました。

その他の色との組み合わせ

2番目に好きな色として**赤**や**橙**、**黄色**といった強い外向性をもつ色は選ばれにくい傾向がありますが、それらの色がもつ強さへの願望から選ぶ可能性もあります。
赤紫を選ぶ人は感覚が鋭い人、アートなものも好みます。
紫は創造性が高まりますが、不安な気持ちが高まってしまいやすい傾向があります。

水色

が
好きな人

心理イメージワード

創造的
感性豊か
分析的
優しい
繊細

性格傾向の深掘り

- ものごとを深く考え、自由にイマジネーションを広げられる世界をもっている

- 適応能力が高く、器用でさまざまな道具を使いこなして表現する力がある

- 優しくて繊細な傾向があり、思いやりもある

- 賢い人で人間関係でも感情的に相手を攻撃することはなく、無用な争いを避けて人間関係を構築していく。ただ自分から積極的に人間関係を広げていくタイプではない

- 感覚派に思われることもあるが、実際にはいろいろなものを分析していく能力が高い。メカニズム、原理を突き止めて考え、そして新しいものを生み出していく能力が高い

- ふだんは温厚だが、自由を奪われると力が発揮できなくイライラしてきて、爆発してしまう人もいる

相性のよい相手

ベージュ

上司

優しい性格で温厚な人ですが、流されないで自分の主張はしっかりしてくれる

黄色

友人

知的で好奇心が強くてユーモアもあり、友人として楽しい時間をすごせそうな相手

白

パートナー

「白」が好きな人がもつ美意識の高さ、努力家なところは大きな刺激になる

濃いピンク

友人

「水色」が好きな人よりも行動力があり、刺激的な世界に連れていってくれる

2番目に好きな色の傾向

「赤」「橙」という強い暖色系の色よりも「黄色」「ピンク」、暖色よりも寒色系の色、中性色の色、無彩色の「白」と組み合わさりやすい傾向があります。「茶色」や「グレイ」といった色と組み合わさり、よりおだやかな性格傾向の人もいます。

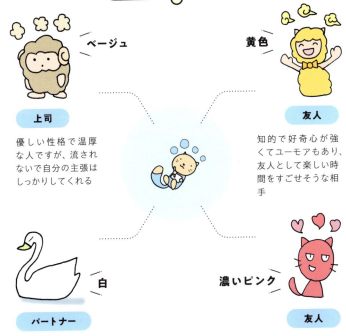

水色 × 2番目に好きな色 の2色から性格分析！

黄緑 の心理イメージワード

外向性	★★
創造性	★★★★
繊細傾向	★★★★
協調性	★★★
個性的	★★★★
分析＆観察力	★★★★

個性的
観察力
創造的
才能豊か
論理的

「水色」が好きな人のなかでも、個性的で多彩な才能に恵まれている人です。高い分析力に加えて観察力も優れており、論理的に問題解決を導き出せる人です。ただし、人間関係で悩むこともあり、そこが課題でもあります。無理に合わせせようとせずに、自分の尖った個性を伸ばしていきましょう。

薄いピンク の心理イメージワード

外向性	★
創造性	★★★★
繊細傾向	★★★★★
協調性	★★★★
個性的	★★
優しさ	★★★★

繊細
優しい
恋愛願望
かわいいが好き
人が苦手

「水色」が好きな人でも繊細傾向の強い人、優しい性格傾向の人が好む組み合わせです。人間関係では苦労しがちで、つらい思いをすることも多いと思いますが、あなたの存在で救われている人がたくさんいます。友人や仲間を増やして、できるだけ会話をするようにしていきましょう。

明るい青 の心理イメージワード

外向性	★★
創造性	★★★★
繊細傾向	★★★★
協調性	★★★★
個性的	★★
表現力の高さ	★★★★

協調性
愛情
創造的
自己表現
自立心

同色系の相性のよい組み合わせのひとつです。表現力の高さが特徴です。人に協調しながらも自分のいいたいこともいえる性格です。自立心があって深い愛情もあります。「水色」だけが好きという性格と比較して、２番目に「明るい青」も好む人は、行動的な性格傾向も見られます。

黄色 の心理イメージワード

外向性	★★★
創造性	★★★★
繊細傾向	★★★★
協調性	★★★★
個性的	★★
知的好奇心	★★★★

好奇心
ユニーク
上昇志向
知的
変身願望

好奇心が強くて新しいものにも興味があります。外部の刺激を受けて、自分のなかの創造性が活性化するタイプの人でしょう。特に知的好奇心はエネルギーになるはずです。現状の自分に満足せず、いろいろなものを吸収して、常に成長を目指すような前向きな人でもあります。

水色が好きな人

白 の心理イメージワード

外向性	★
創造性	★★★★★
繊細傾向	★★★★★
協調性	★★★★★
個性的	★★
優しさ	★★★★

努力家
美意識
演技派
完璧主義
引き立て上手

「白」は完璧主義者や努力家の人にも好まれる傾向がありますが、「水色」が好きな人が２番目に「白」を選ぶのは、「白」の効果をより優しくなじませ、引き立てる影響だと思われます。「水色」１色だけが好きな人の性格よりも繊細で、協調的な傾向が強く出ます。

紫 の心理イメージワード

外向性	★
創造性	★★★★★
繊細傾向	★★★★
協調性	★★★★
個性的	★★★★
直感的判断力	★★★★

感覚的
二面性
創造的
繊細
孤独感

「紫」を選ぶ人は感覚的な要素があります。深く考えて決める部分と、直感的に決断をする両面をもっており、アーティスト気質といえます。それも豊かな才能や感受性の高さがあるからです。心のバランスが崩れると心が内側に向かって深く落ち込んだり、孤独感を抱えたりしやすくなります。

ここまで「水色」×「２番目に好きな色」として
好まれやすい組み合わせを紹介しました。

その他の色との組み合わせ

２番目に好きな色として**橙**を選ぶ人は、外向的でありたいと考える願望から好んでいる可能性があります。
紺は落ち着いた性格で、判断力に優れた人でしょう。
グレイは控えめな性格傾向が見られます。
藤色・**ベージュ**を選ぶ人は優しい人で、３番目、４番目もパステルカラーや**白**を組み合わせて選ぶ人が多いです。

白
が好きな人

心理イメージワード

努力家
美意識
演技派
完璧主義
引き立て上手

性格傾向の深掘り

- 仕事もプライベートも自分の美しい形をもっていて、高い理想に向かってストイックに努力を続ける
- 妥協をしない完璧主義者。自分にも他人にも厳しい。人の上に立つと厳しい人になりがち
- 高い理想をもっていて、努力している自分が好き。根拠のない自信がある
- 若々しくありたいと願っている。老いを受け入れたくない
- 本音で話せる友達がいない
- 「白」が好きだけれど、自分は努力家ではないと感じる人は、「白」が好きな人がもつ性格傾向に憧れている人かもしれない。「白」を好きになることで強さ、美しさを簡単に手に入れたいと考えている
- 「白」に憧れている人は、人から注目を浴びたいと考えていて、話を盛ってしまうこともある。孤独が好きか、孤独が好きな人を演じることがある

相性のよい相手

赤紫

上司

「赤紫」の人のハイセンスな感性は「白」が好きな人から見ると憧れになる

濃いピンク

友人

お互いを高めあえる可能性が高い。競い合わなければよい関係になれる

茶色

パートナー

長く付き合うならば、「茶色」が好きな人のような癒しの存在が相性よいはず

明るい青

友人

協調性の高さと、創造性の高さ、そして前向きさは「白」が好きな人と相性がよい

2番目に好きな色の傾向

「白」は単独で好きになるとストイックで強い色なのですが、複数の好きな色のうちの1色になると、他の色を引き立て、心理イメージをなじませる色でもあります。暖色系で彩度の強い色はその強さを引き出し、パステルカラーは全体的に優しく調和します。

白 × 2番目に好きな色 の2色から性格分析！

薄いピンク の心理イメージワード

- 外向性 ★★
- 創造性 ★★★
- 繊細傾向 ★★★★
- 協調性 ★★★★
- 個性的 ★★★★
- ロマンティックさ ☆☆☆☆

繊細
優しい
恋愛願望
かわいいが好き
人が苦手

「薄いピンク」が好きな人の性格傾向がさらに強まり、より繊細により優しくなったような性格です。人間関係で困っている人も多いと思います。ロマンティックな人生を妄想したり夢見たりしている人もいて、やわらかい性格が出てきます。

赤 の心理イメージワード

- 外向性 ★★★★★
- 創造性 ★★★
- 繊細傾向 ★★★
- 協調性 ★★★
- 個性的 ★★★★★
- リーダーシップ ☆☆☆☆

行動的
正義感
愛情
努力家
わがまま

「赤」の性格傾向である行動的、努力家、自己中心的な部分が強く出ている性格であると思われます。特に努力に裏打ちされた能力の高さとリーダーシップは目を引きます。その強さの裏には愛情深い思いが眠っており、ただ強そうに見える人とは一線を画します。

青緑 の心理イメージワード

- 外向性 ★★★
- 創造性 ★★★
- 繊細傾向 ★★★
- 協調性 ★★★
- 個性的 ★★★★
- ファッション感度 ☆☆☆☆

秘密主義
感性豊か
控えめ
解放感
独創的

洗練された人で、おしゃれで控えめな性格だと考えられます。「白」の美意識の高さに加えて、ファッション感覚の敏感な人だと思われます。メイクやデザイン、アートなどにも敏感なのではないでしょうか。まれに自然を愛する活動的な人がいます。青い空や海に憧れて行動する人です。

濃いピンク の心理イメージワード

- 外向性 ★★★★★
- 創造性 ★★★
- 繊細傾向 ★★★
- 協調性 ★★★
- 個性的 ★★★★
- 迅速な行動 ☆☆☆☆

感情的
戦略行動
承認欲求
賢い
活動的

活動的、行動的な部分が強化したような性格で、すぐに行動できる人です。人からどう見られるかを常に考えていて、よりよい演出を考えています。若々しくありたい、若々しく見られたいと考えます。感情的に判断する傾向がありますが、それを自覚できているでしょう。

白が好きな人

藤色の心理イメージワード

外向性	★★★
創造性	★★★★
繊細傾向	★★★★
協調性	★★★
個性的	★★★★
想像力	☆☆☆☆

繊細
創造的
感性豊か
人見知り
感覚的

ものごとを深く捉えて考えて、イマジネーションを広げられる人です。繊細な傾向が強く、幅広い交友関係を求めず、問題が生じても誰かに相談せずひとりで問題を抱え込んでしまう傾向があります。今の時代に増えている性格傾向、増えている色の組み合わせといえます。

明るい青の心理イメージワード

外向性	★★★
創造性	★★★
繊細傾向	★★★
協調性	★★★
個性的	★★★★
バランス感覚	☆☆☆☆

協調性
愛情
創造的
自己表現
自立心

思いやりがあって深い愛情をもっている人で、協調性を大切にしながら、自分の意見をいえる人。他人も自分も大事にできるバランス感覚の優れた人です。協調性や愛情も強すぎずに働き、調和がとれた性格になります。

ここまで「白」×「2番目に好きな色」として
好まれやすい組み合わせを紹介しました。

その他の色との組み合わせ

2番目に好きな色として**赤紫**を選んだ人は、行動的で直感力があり人から見られることを強く意識しています。無理して自分の見た目や行動をがんばってしまっているかもしれません。
ベージュや**グレイ**を選んだ人は、控えめで謙虚な人。
ワインレッドを選んだ人は、品行方正な性格が高い人です。まじめですこし神経質な部分が見られます。

黒が好きな人

心理イメージワード

防衛心
不安感
威圧的
聡明さ
頑固

性格傾向の深掘り

- ◉ 人を動かす資質があり、発言力もある。強い精神力があり、困難を乗り越えていける
- ◉ 発言や行動に聡明さがある
- ◉ モダンで優雅な生活を送りたいと考えている
- ◉ 集団行動で他人に合わせることもできるが、本質的にはひとりが好き
- ◉ 人の意見に合わせず、主張を曲げない頑固な部分がある
- ◉ まじめでシャイな人にも好まれ、そうした感情を隠すために「黒」を身につける人もいる
- ◉「黒」をもつことで強くなれる気がする、あるいは高貴なものや神秘的なものへの憧れから「黒」の色の力を頼ろうとする人もいる
- ◉「黒」に頼っている人は、洋服は黒いものが多い。無意識に人の視線を気にしている。他人の感情や評価から自分を守りたいという気持ちが強い

相性のよい相手

青緑

上司

言葉の少ない「青緑」が好きな人は、コミュニケーションを求めない「黒」には相性のよい上司

金

友人

強い個性と外向性がある「金」が好きな人は、「黒」が好きな人の理想の生活をしていて憧れる

薄いピンク

パートナー

逆の性質をもつ「薄いピンク」は、相補性の観点から向いている相手のはず

ベージュ

友人

「黒」が好きな人は、保守的で繊細な「ベージュ」が好きな人の支えになってあげられる

2番目に好きな色の傾向

2番目には鮮やかな色が選ばれやすいといえます。「黒」は相手の性質を強める「強調の効果」があります。「赤」「橙」「黄色」「明るい青」「紫」といった色や、「紺」「ワインレッド」というダークな色もよく選ばれる傾向にあります。

黒×2番目に好きな色の2色から性格分析！

橙の心理イメージワード

- 外向性 ★★★★
- 創造性 ★★
- 繊細傾向 ★★
- 協調性 ★★
- 個性的 ★★★★
- 行動したい願望 ★★★★

親しみやすい
集団行動
競争心
好奇心
人間性

本来の「橙」は親しみやすくフレンドリーで集団を大切にする部分がありますが、「黒」×「橙」の組み合わせでは、行動的な部分が強調されて、親しみやすさや集団性は抑え気味です。心を守りたい感情のなかでも、なにか行動をしたいという思いがありそうです。

赤の心理イメージワード

- 外向性 ★★★★★
- 創造性 ★★
- 繊細傾向 ★
- 協調性 ★★★
- 個性的 ★★★★★
- アニキ(アネゴ)風 ★★★★

行動的
正義感
愛情
努力家
わがまま

「黒」の聡明な部分、安定した強い性格に、「赤」の性格要素が強調されて加わったような性格です。行動的で努力家、細かいことを気にせずに、自分の道を進んでいきます。しかし、周りの人への気配りも忘れない、昔のアニメに出てくるような面倒見のよいアニキ（アネゴ）タイプの人です。

黄色の心理イメージワード

- 外向性 ★★★
- 創造性 ★★
- 繊細傾向 ★★
- 協調性 ★★
- 個性的 ★★★★
- 挑戦願望 ★★★★

好奇心
ユニーク
上昇志向
知的
変身願望

なにかにチャレンジしたい、上昇したい、成長したいという気持ちを抱えていますが、実際には「いつか」で終わってしまっている人が多い傾向にあります。頭がよく計算もできる人なので、リスク部分を考えてしまい、思い切った行動ができなくなっているのかもしれません。

濃いピンクの心理イメージワード

- 外向性 ★★★★
- 創造性 ★★
- 繊細傾向 ★★
- 協調性 ★★
- 個性的 ★★★★★
- 行動と防衛 ★★★★

感情的
戦略行動
承認欲求
賢い
活動的

人からどう見られているかを気にするタイプで、自分を認めてもらいたいがための行動をとります。そして批判や非難を避けたい防衛の気持ちが出ています。また、なかにはセクシーに見られたい、大人のかわいらしさをアピールしたいと考えている人もいます。

明るい青 の心理イメージワード

外向性	★★★
創造性	★★★
繊細傾向	★★
協調性	★★★
個性的	★★★★
人柄のよさ	★★★★

協調性
愛情
創造的
自己表現
自立心

協調性があって、愛情深く、人も大事にできるし、自分のいいたいこともいえる。そんな「明るい青」の性格傾向が出ます。人柄のよさが魅力ですが、お節介や優しさが独りよがりな部分がある場合は「黒」の性質です。表現することが楽しく、お話が好きな人もいます。

緑 の心理イメージワード

外向性	★★★
創造性	★★
繊細傾向	★★
協調性	★★
個性的	★★★★
理知的	★★★★

調和
癒し的
個人主義
平和主義
まじめ

「緑」を好む人の性格傾向のなかで、まじめな部分、個人行動を好む部分が強くなったような性格傾向が見られます。また、本能に流されずに理性と知恵をもち合わせた人に見られたいと感じる人もこうした組み合わせを好みます。人間関係での調和を求めている人もいます。

ここまで「黒」×「2番目に好きな色」として
好まれやすい組み合わせを紹介しました。

その他の色との組み合わせ

2番目に好きな色として**紺**を選ぶ人は、内向性が高い人。コミュニケーションをとるのが苦手で、「かんじが悪い」と誤解されることもありますが、まじめで誠実、信頼できる人です。
グレイを選ぶ人は、自分を出せずに、抑えてしまっているのかもしれません。**ワインレッド**を選ぶ人は、おしゃれで上品な感性をもっている人です。

赤紫

が好きな人

心理イメージワード

直感的
行動的
承認欲求
無理しやすい
警戒心

性格傾向の深掘り

- 「紫」の直感的な部分と「赤」の行動的な部分をあわせもつ性格
- 自尊感情が低い人が好む傾向があり、誰かに認めてもらいたいと思っている。そのため、承認欲求が強く出る人もいる
- 協調も主張もでき、人間関係はうまく対応できる。苦手な相手とも付き合える。ただし感覚的に自分の苦手な人はすぐわかる。顔に出てしまう人もいる。人からは社交的だと思われていても、自分では苦手という認識をもっている人は多い
- 警戒心が強い人もいて、なかなか人を信用することができない。つい人を批判してしまうこともある
- 自分の感覚を研ぎ澄ますために、好きな色の小物ばかりもつことが多い
- 文学、絵画、音楽など芸術的なものに心が動く

相性のよい相手

赤

上司

正義感が強くて行動的、まじめでまっすぐな性格は、一緒に仕事をしたい相手

黄緑

友人

個性の強さでは負けておらず、刺激をもらえる相手。競わないことが大切

黒

パートナー

「赤紫」の強さに負けずに、魅力を引き出してくれるパワーがある

紫

友人

芸術的な趣味が一致しそう。価値観が似ているので馬が合うはず

2番目に好きな色の傾向

直感的に生きている人は、「紫」「藤色」など紫系の色をさらに好みます。美意識にこだわりがある人は、「白」を選びやすいと思われます。特徴的なのは色相の反対にあるような色は選ばれにくく、それは「赤紫」が好きな人は、感覚派だからかもしれません。

赤紫 × 2番目に好きな色 の2色から性格分析！

薄いピンク の心理イメージワード

外向性	★★★
創造性	★★
繊細傾向	★★★★
協調性	★★★★
個性的	★★★
繊細ながんばり屋	★★★★

繊細
優しい
恋愛願望
かわいいが好き
人が苦手

直感力が高く、繊細で優しい性格です。感受性も強いので、いろいろな人に共感してしまい、つらい思いもたくさんしているのではないでしょうか。人は苦手だと思いますが、毎日、がんばっているその姿が目に浮かびます。生きにくさを抱えながらもがんばる姿勢は魅力的だと思います。

赤 の心理イメージワード

外向性	★★★★★
創造性	★★
繊細傾向	★★
協調性	★★
個性的	★★
我が道をゆく	★★★★

行動的
正義感
愛情
努力家
わがまま

「赤紫」が好きな人のなかでも、強い信念をもっていて、まっすぐに自分の道を進める人です。正義感が強くてがまん強く、人から頼られる存在かもしれません。一度決めたら簡単にはやめない強さがあります。見えないところで努力を続けている人です。

紫 の心理イメージワード

外向性	★★★
創造性	★★★★
繊細傾向	★★★
協調性	★★★
個性的	★★★★
感受性	★★★★★

感覚的
二面性
創造的
繊細
孤独感

感覚が鋭く、その強さが内側に向きやすいため、音楽や文学、美術への関心は高く、神秘的なものにもひかれやすいでしょう。行動力も好奇心も強く、優れた感受性をもっています。協調性も高いはずですが、人付き合いでは苦労しそうで、誤解されることも多いかもしれません。

濃いピンク の心理イメージワード

外向性	★★★★
創造性	★★
繊細傾向	★★★
協調性	★★
個性的	★★★★
成長力	★★★★

感情的
戦略行動
承認欲求
賢い
活動的

2色ともよく似ています。「赤紫」が好きな人の性格傾向に、人から見られる意識や認められたい気持ちがさらに強くなる傾向が見られます。承認欲求や認められたい気持ちはよくない感情として語られることもありますが、自分を成長させられるすばらしい才能の源泉でもあります。

赤紫が好きな人

白の心理イメージワード

外向性	★★★
創造性	★★
繊細傾向	★★★
協調性	★★★
個性的	★★★
穏やかで優しい	★★★★

努力家
美意識
演技派
完璧主義
引き立て上手

「白」の努力家の部分や美意識の高さが出て、ストイックに行動する人と、「赤紫」の強さを「白」がなじませて優しくなったような人がいます。一般的には後者の人が多く、「赤紫」が好きな人をさらに優しくして、繊細に、おだやかにしたような性格が見られます。心も美しい人です。

藤色の心理イメージワード

外向性	★★
創造性	★★★
繊細傾向	★★★★
協調性	★★★
個性的	★★★
感性＆想像力	★★★★

繊細
創造的
感性豊か
人見知り
感覚的

「赤紫」が好きな人のなかでも、不安定な繊細さが目立つ人です。ひとつの刺激から、豊かな発想やイマジネーションを広げられる豊かな感性と想像力がありますが、小さな負の刺激で簡単に崩れてしまう脆さを抱えています。無理にがんばらないで、心を大事にしながらすごしてほしいです。

ここまで「赤紫」×「2番目に好きな色」として
好まれやすい組み合わせを紹介しました。

その他の色との組み合わせ

2番目に好きな色として**ワインレッド**が加わる人はおしゃれで品のある人。
橙を選ぶ人は、行動力が強くなるだけでなく、ひとりの時間も大勢の人と一緒にいる時間も大事にできるような人でしょう。
黄色を選ぶ人は、好奇心旺盛で、新しいことに挑戦できる人。

紺が好きな人

心理イメージワード

安定
保守的
判断力
知識欲
協調性

性格傾向の深掘り

- イライラしたり、不安になったり、ネガティブなことを考えたりしにくい。情緒が安定している性格
- 冒険的な選択をしない。リスクの高い選択をしない。危機管理能力に長けている
- まじめで誠実。臨機応変な対応よりも、決められたルールをしっかりと守りたいと考える
- 協調性があって他人と意見の違いでもめることは少ない。ただし、プライドが高い人もいて、無意識に相手の考えを否定するくせがついている人もいる
- 責任のある仕事にやりがいを感じる。人を指導する仕事も向いている
- 偉そうな態度をとってしまうこともあり、誤解をされることもある

相性のよい相手

黄色

上司

行動力があって、明るく、知識欲も高い。「紺」が好きな人の足りない部分をもつ見本的な人

赤

友人

「紺」が好きな人が弱い行動の部分を補完してくれる相手、ともに成長していける同志

ワインレッド

パートナー

品行方正で上品。毎日が楽しくなる刺激と感動を共有できる相手

深い青

友人

似た色で相性もよい。まじめな性格同士で、仲よく付き合うことができる

2番目に好きな色の傾向

同色系の青全体と相性がよいでしょう。また、補色関係に近い「黄色」そして「赤」も選ばれやすい色です。「白」や「グレイ」といった色も選ばれやすい傾向にありますが、ピンク系の色とはなかなか組み合わさりません。

紺 × 2番目に好きな色 の2色から性格分析！

明るい青 の心理イメージワード

外向性	★★★
創造性	★★★★
繊細傾向	★★
協調性	★★★★
個性的	★★
感情表現力	★★★★

協調性
愛情
創造的
自己表現
自立心

協調性が高く、創造的な部分もあり、自己表現も上手な人です。「紺」が好きな人はまじめで、感情豊かではありませんが、２番目に「明るい青」が加わるような人は、喜怒哀楽をもっと表現できる人、表現できる資質がある人でしょう。魅力的な人です。

赤 の心理イメージワード

外向性	★★★★
創造性	★★★
繊細傾向	★★
協調性	★★★★
個性的	★★★
情緒安定	★★★★

行動的
正義感
愛情
努力家
わがまま

情緒が安定している「紺」の性格傾向に、「赤」の行動力が加わった性格です。努力家の部分や正義感が強い人もいます。もっと「行動したい」という願望として「赤」を選ぶ人もいますし、逆に行動的な性格を「落ち着かせたい」という「紺」の性質が願望として出る人もいます。

深い青 の心理イメージワード

外向性	★
創造性	★★★
繊細傾向	★★
協調性	★★★★★
個性的	★★
まじめさ	★★★★

協調性
保守的
不安定
まじめ
孤独感

協調性が高く、自分よりも他人の意見を尊重する傾向があります。内向的な性格で、考えすぎて悩むことが多いでしょう。まじめさが自分を苦しめてしまうことも多いと思います。本来、「紺」が好きな人は情緒が安定していますが、不安になることもあると思います。

黄色 の心理イメージワード

外向性	★★★
創造性	★★★
繊細傾向	★★
協調性	★★★★
個性的	★★
行動願望	★★★★

好奇心
ユニーク
上昇志向
知的
変身願望

「紺」は優れた判断力をもちメンタルが安定的な人に好まれる色です。まじめで保守的な性格傾向が強い一方、「楽しい冒険がしたい」「もっとおもしろいことがしたい」という願望が生まれやすく、「黄色」を選ぶ傾向があります。好奇心や上昇志向が湧き上がってくるときも「黄色」を求めます。

紺 × 紫の心理イメージワード

項目	評価
外向性	★★
創造性	★★★★
繊細傾向	★★★
協調性	★★★
個性的	★★★
孤独感	★★★★

感覚的
二面性
創造的
繊細
孤独感

「紺」が好きな人は安定傾向が高い人ですが、そのなかではやや不安定な要素を内包しており、なにかのきっかけで心のバランスが崩れると、メンタルを崩して孤独感を抱えやすい人です。外からは見えにくいのですが、繊細な一面もある人で、優しくて思いやりもあります。

紺 × 水色の心理イメージワード

項目	評価
外向性	★
創造性	★★★
繊細傾向	★★★
協調性	★★★
個性的	★★
分析能力	★★★★

創造的
感性豊か
分析的
優しい
繊細

まじめで、安定的、協調性も高い「紺」の性格傾向に加え、感受性が強く、分析的にものを考えて、改善していく才能がある人です。感覚も思考力も高いでしょう。優しい性格で繊細な部分もあり、思いやりをもって人と接することができます。

ここまで「紺」×「2番目に好きな色」として
好まれやすい組み合わせを紹介しました。

その他の色との組み合わせ

2番目に好きな色として**ワインレッド**を選ぶ人は上品で行動力もある人。大人に好まれる組み合わせです。**グレイ**を選ぶ人は、控えめで慎重な傾向が強くなります。人間関係は苦手だと思われます。**茶色**を選ぶ人は、「紺」のもつ安定傾向がさらに強くなります。**ミントグリーン**を選ぶ人は、自由に動きたい欲求が眠っているのかもしれません。

茶色

が 好きな人

心理イメージワード

安定感
責任感
寡黙
器が大きい
優しい

性格傾向の深掘り

- 「茶色」が好きな人の特徴は、その器の大きさ。人としての度量が広く、細かなことでは怒らずに受け入れる寛大な心をもっている

- 困っている人を見すごせず、手をさしのべる優しさがある

- 責任感が強く、途中で仕事を投げ出したりしない。人はそんなに好きではないかもしれないが、人に頼られる傾向がある。人が集まってくる

- 情緒が安定していて、その日の気分で口調や行動が変わりにくい

- 寡黙な人で雄弁に何かを語らない。誰かの話を聞くことが多い

- 生活がマンネリ化してしまうこともあり、小さな刺激を求めている人もいる

- 森や山、野など自然に包まれている場所が好きな人もいる

相性のよい相手

黄緑

上司

個性が弱い「茶色」が好きな人には、強い個性をもつ「黄緑」が好きな人の性格は刺激になる

緑

友人

「緑」が好きな人のほどよい行動力と自由さは、友人として向いている

橙

パートナー

自分では選びにくい色だからこそ、自分の足りない要素・能力が相補性につながる

ワインレッド

友人

同じ赤系の色で相性もよく、行動力に活性化されることも多いはず

2番目に好きな色の傾向

派手な色や行動的な色はあまり選ばない傾向がありますが、「赤」「ワインレッド」など同色系の赤系の色との組み合わせを選ぶ人もいます。また「緑」「ミントグリーン」など緑系の色も選ばれやすい色になります。

茶色 × 2番目に好きな色 の2色から性格分析！

緑 の心理イメージワード

- 外向性 ★★★
- 創造性 ★★
- 繊細傾向 ★★
- 協調性 ★★
- 個性的 ★★
- 心の調和 ★★★★

調和
癒し的
個人主義
平和主義
まじめ

「茶色」が好きで、次に「緑色」を選ぶ人は多くいます。人間関係はあまり得意ではなく、もめごとを避けて暮らしたいと考え、まじめにものを捉えます。けれども、自分のやりたいことは小さくやっていくという心の調和がとれる人です。自然環境が好きな人もいます。

赤 の心理イメージワード

- 外向性 ★★
- 創造性 ★★
- 繊細傾向 ★★
- 協調性 ★★★★
- 個性的 ★★★
- 内面の強さ ★★★★

行動的
正義感
愛情
努力家
わがまま

２番目に「赤」を選ぶ人は、行動的な部分よりも、内面的な正義感の強さや愛情の深さとして出てくることが多いようです。外に向かう力の強さが出る人もいますが、「茶色」×「赤」を選ぶ人は、もっと内面の強さ、優しさが出てくると思われます。

深い青 の心理イメージワード

- 外向性 ★★
- 創造性 ★★
- 繊細傾向 ★★
- 協調性 ★★★★
- 個性的 ★★
- まじめさ ★★★★

協調性
保守的
不安定
まじめ
孤独感

協調性や共感を大切にできる人です。人との議論など意見の違う相手とのやりとりは苦しく感じることでしょう。ルールや決まりごとを守りたい人で、無計画な冒険などはしない傾向があります。まじめで堅実な性格で、その部分が自分の心を苦しめることもあります。

薄いピンク の心理イメージワード

- 外向性 ★★
- 創造性 ★★
- 繊細傾向 ★★★★
- 協調性 ★★★★
- 個性的 ★★
- 傷つきやすい ★★★★

繊細
優しい
恋愛願望
かわいいが好き
人が苦手

責任感が強く、メンタル的に安定しているように見えるのが「茶色」が好きな人の性格ですが、内面は繊細で傷つきやすい性質がある人もいます。そういう人が２番目に「薄いピンク」を選ぶ傾向があります。人が苦手で、あまり自分のことをたくさんしゃべるようなタイプではないでしょう。

茶色が好きな人

黒の心理イメージワード

外向性	★★
創造性	★★
繊細傾向	★★
協調性	★★★★
個性的	★★
心を守りたい感情	★★★★

防衛心
不安感
威圧的
聡明さ
頑固

「黒」を２番目に選ぶ人は、心を守りたい気持ちが強い人だと思われます。本来、「茶色」は人と争うことを避けて、おだやかに暮らしたいと考える人が選びやすい色です。「黒」はさらに外部の力を防ごうとする働きがあり、人の影響を受けたくないと感じる人に選ばれやすくなります。

白の心理イメージワード

外向性	★★
創造性	★★
繊細傾向	★★
協調性	★★★★
個性的	★★
引き立て上手	★★★★

努力家
美意識
演技派
完璧主義
引き立て上手

努力家で強い精神力をもっている人、もしくは努力をしたいと思っている人です。自分を磨いて、すばらしい人になりたいと考えるよりも、周囲の人のことを考えてしまい、引き立て上手になっているのではないでしょうか。人に優しく接することができる素敵な人です。

ここまで「茶色」×「２番目に好きな色」として
好まれやすい組み合わせを紹介しました。

その他の色との組み合わせ

ワインレッドは似ている色として、茶色と一緒に選ばれやすい色のひとつです。本来の**茶色**の性格より、人の視線を意識したり、外に気持ちが向きます。
紺を選ぶ人はさらに落ち着いている性格、もしくはおだやかでありたいと考える人だと思われます。
ミントグリーンを選ぶ人は、自由で気分屋な性格が見られます。

グレイ
が 好きな人

心理イメージワード

慎重派
控えめ
不安感
良識
人が苦手

性格傾向の深掘り

◉ 自分が前に出ることを好まず、裏方のように控えめな場所に立っていることが多い

◉ 相手のことを考えて、役に立ちたいと考えている

◉ ものごとを深く見通せて、優れた判断力がある良識のある人

◉ 石橋を叩いたうえでさらに、誰かに先に渡ってもらうような慎重な性格。危機管理能力が高い

◉ 人間関係はできれば避けたい。パーティーのような場所は苦手

◉ 新しいことに挑戦したり、新しい場所に行くことは好まない。慣れたものが心地よいと考える

◉ 行動力があるほうではないので、運動不足になりがち

◉ 同じ「グレイ」でも明度の低い「チャコールグレイ」のような色を好む人は、「黒」の性格に近いものをもっている

相性のよい相手

明るい青

上司

協調性を大切にしてくれる上司であり、人間関係が苦手な「グレイ」が好きな人には相性がよい

水色

友人

感性豊かで感受性が高く、優しい性格なのでよい刺激をもらえる相手になる

薄いピンク

パートナー

男性は「薄いピンク」を好む人、女性は「赤」や「ワインレッド」を好む人と相性がよい

ミントグリーン

友人

自由で素直、行動力はほどほどなので、疲れないで付き合える

2番目に好きな色の傾向

「薄いピンク」「ベージュ」「水色」など暖色寒色に関係なく、優しいパステルカラーを好む人は多くいます。無彩色同士、「白」や「黒」も一緒に好む人は多い傾向にあります。「明るい青」「深い青」などとともに青系の色もよく選ばれます。

グレイ × 2番目に好きな色 の2色から性格分析！

深い青 の心理イメージワード

- 外向性 ★★
- 創造性 ★★
- 繊細傾向 ★★★
- 協調性 ★★★★★
- 個性的 ★★★
- 良識 ★★★★

協調性
保守的
不安定
まじめ
孤独感

人と争うことをせず、協調性が強く、意見の相違で議論やけんかをすることも少ないと思います。ただ自分を抑えてしまうので、人間関係では苦労しがちで、傷ついたり不安を感じることもあるでしょう。それはものごとを深く考えられる、良識のある性格の影響です。

薄いピンク の心理イメージワード

- 外向性 ★★
- 創造性 ★★
- 繊細傾向 ★★★★★
- 協調性 ★★★★
- 個性的 ★★★
- 優しい ★★★★★

繊細
優しい
恋愛願望
かわいいが好き
人が苦手

「薄いピンク」を好む人とは相性もよく、自分のなかにも「薄いピンク」の性格傾向は共存しやすい傾向があります。繊細で協調性も高く、愛情と優しさで周りの人を包みます。おだやかな性格傾向が見られます。人の悪意からは離れて生きていきましょう。

水色 の心理イメージワード

- 外向性 ★★
- 創造性 ★★★
- 繊細傾向 ★★★★
- 協調性 ★★★★
- 個性的 ★★★
- 発想力 ★★★★

創造的
感性豊か
分析的
優しい
繊細

控えめで慎重な性格であり、そこに優れた感性をもった人です。ものごとを見て心が動き、深く考えて発想力に活かします。それが企画やアイデアに活かされる人もいれば、創造性に向かう人もいます。協調性は高いですが、人付き合いは苦手な場合も多いかもしれません。

明るい青 の心理イメージワード

- 外向性 ★★
- 創造性 ★★
- 繊細傾向 ★★★
- 協調性 ★★★★
- 個性的 ★★★
- 前向きさ ★★★★

協調性
愛情
創造的
自己表現
自立心

控えめでありながら、いいたいことを発言したり、行動したりできる人です。特に人間関係において、苦手な部分を抱えながら、関係づくりに努力しているでしょう。思いやりも繊細な部分もある人ですから、生きづらい部分もあるかもしれませんが、前向きにがんばっていると思います。

グレイ
が好きな人

黒 の心理イメージワード

- 外向性 ★★
- 創造性 ★★
- 繊細傾向 ★★★
- 協調性 ★★★★
- 個性的 ★★★
- 保守的 ☆☆☆☆

防衛心
不安感
威圧的
聡明さ
頑固

「グレイ」は黒みを感じる傾向が強く、一般的には「黒」と結びつきます。控えめで保守的な性格の人が好む組み合わせで、「黒」を防御的に使うことが多くあります。まれに自尊感情が高い人にも見られる組み合わせです。

藤色 の心理イメージワード

- 外向性 ★★
- 創造性 ★★★
- 繊細傾向 ★★★★
- 協調性 ★★★★
- 個性的 ★★★
- 感覚、感性 ☆☆☆☆

繊細
創造的
感性豊か
人見知り
感覚的

まじめで優しい性格の人で、人間関係や将来について不安が高まる傾向が見られます。人見知りをする人が多いと思いますが、慣れてきた相手とはふつうに話ができるでしょう。感覚に優れているタイプなので、そこが強く出ると少し苦しくなるかもしれません。

ここまで「グレイ」×「2番目に好きな色」として
好まれやすい組み合わせを紹介しました。

その他の色との組み合わせ

2番目に好きな色として**ベージュ**を選ぶ人は、おだやかな性格傾向が強く、温厚で優しい性格です。
茶色を選ぶ人は落ち着いた性格。
白を選ぶ人は**白**の引き立て効果を使いたいと考えている人かもしれません。優しい性格で、より優しい色の組み合わせを求めるケースもありますし、無彩色で性格部分のなにかを引き立てたいと考える人もいます。

ベージュ が好きな人

心理イメージワード

温厚
保守的
母性的
忍耐力
繊細

性格傾向の深掘り

- 優しく温厚な性格で、争いを好まず、ふだんは怒ることが少ない。しかし、人の意見に流されることは少なく、しっかりとした考えをもち、自己主張ができる

- 忍耐力があり、少々嫌なことがあったくらいでは逃げ出さない。しかし、メンタルが強いわけではなく、傷ついたり、不安にもさいなまれたり、落ち込んだりすることもある

- 保守的な傾向をもつ人もいる。冒険したくてもなかなか挑戦することができない

- 合理的にものを考える傾向があり、刺激を求める生活やリスクがある選択を避ける傾向がある

- 日々の生活に疲れると一時的に「ベージュ」を求める心理がある

PART 2 / 好きな色からわかる「本当の自分」

相性のよい相手

黄色
上司
「黄色」が好きな人の行動力、コミュニケーション能力は「ベージュ」が好きな人のお手本になる

薄いピンク
友人
価値観が似ている相手で心地よいはず。あなたが主導権をとるとよりベスト

濃いピンク
パートナー
あなたが男性なら、刺激的な世界に連れ出してくれる相手。あなたが女性なら、「緑」を好む相手との相性がよい

ミントグリーン

友人
「ミントグリーン」が好きな人は、適度な行動力があり、優しい。主導権をとってくれる

2番目に好きな色の傾向

よりおだやかな性格の人は「薄いピンク」などのピンク系、「水色」「藤色」といったパステル系の色を選ぶ傾向があります。性格によっては「濃いピンク」「黄色」といった少し強い色とも、中性色とも組み合わさることがあります。

ベージュ × 2番目に好きな色 の2色から性格分析！

黄色
の心理イメージワード

- 外向性 ★★★
- 創造性 ★★
- 繊細傾向 ★★★
- 協調性 ★★★★
- 個性的 ★★
- 行動願望 ★★★★

好奇心
ユニーク
上昇志向
知的
変身願望

優しくて温厚、忍耐力がある性格傾向に加え、好奇心や上昇意欲もある人だと思われます。「ベージュ」が好きな人のなかでも行動力があるでしょう。「ベージュ」が好きな人は、感情を抑圧してしまうので、「もっと行動したい」という願望が「黄色」を好むかたちで現れることもあるでしょう。

濃いピンク
の心理イメージワード

- 外向性 ★★★
- 創造性 ★★
- 繊細傾向 ★★★★
- 協調性 ★★★★
- 個性的 ★★★
- 感情的判断 ★★★★★

感情的
戦略行動
承認欲求
賢い
活動的

「ベージュ」が好きな人のなかでも好奇心が強く行動的な性格です。「ベージュ」が好きな人は合理的なものの判断をしますが、「濃いピンク」が好きなことで感情的に判断する部分も同時にもっていそうです。人の視線を気にして、がんばってしまう傾向が出てきます。

緑
の心理イメージワード

- 外向性 ★★
- 創造性 ★★
- 繊細傾向 ★★★★
- 協調性 ★★★
- 個性的 ★★
- 自分軸 ★★★★

調和
癒し的
個人主義
平和主義
まじめ

人間関係で調和を考える人であり、相手に気を遣いながらも自分のやりたいことも同時にできる人です。「ベージュ」が好きな人は繊細さがありながらも自分の思っていることをいえる人。「緑」も同じく自分の意見をもっている人なので、この2色を好む人は自分の軸がある人だと想像できます。

薄いピンク
の心理イメージワード

- 外向性 ★★
- 創造性 ★★
- 繊細傾向 ★★★★★
- 協調性 ★★★★
- 個性的 ★★★
- 気配り ★★★★

繊細
優しい
恋愛願望
かわいいが好き
人が苦手

「薄いピンク」は2番目に選ばれやすい色のひとつです。より温厚で優しい性格の人でしょう。「ベージュ」単色を好む人よりも、繊細な傾向が強く、傷つきやすい性格でしょう。気配りができる優しい心をもっている人であり、周囲の人を幸せにしています。

ベージュ
が好きな人

藤色 の心理イメージワード

外向性	★★
創造性	★★★★
繊細傾向	★★★★★
協調性	★★★★
個性的	★★
創意工夫力	★★★★

繊細
創造的
感性豊か
人見知り
感覚的

「ベージュ」が好きな人にしては、感性、感度が高い人で、感覚的に判断をすることも多いと思います。繊細な性格で、傷ついて不安になることが多い人だと思われます。しかし、想像力を使った問題解決力も高く、リスク回避の感覚に優れていると思われます。

水色 の心理イメージワード

外向性	★★
創造性	★★★
繊細傾向	★★★★★
協調性	★★★★
個性的	★★
忍耐強さ	★★★★

創造的
感性豊か
分析的
優しい
繊細

人との争いを避けて、できるだけ人と揉めないように暮らしている人でしょう。人と仲よくなることに対して苦手意識があるかもしれません。人の言動に振り回されたり、傷ついたりすることも多いと思いますが、忍耐強くがんばっている性格傾向が見えてきます。

ここまで「ベージュ」×「2番目に好きな色」として
好まれやすい組み合わせを紹介しました。

その他の色との組み合わせ

行動的な願望が出ている人は**赤**や**橙**といった色を2番目に好きな色に選ぶ傾向がありますが、**赤**や**橙**は強すぎるので**明るい青**、**青緑**といった色が代替色として出てくる可能性もあります。

控えめな性格傾向が強まると**グレイ**を選びがちです。

おしゃれな人は**ワインレッド**を選ぶでしょう。

ワインレッド
が好きな人

心理イメージワード

上品
豊かな感性
品行方正
遊び心
行動力

性格傾向の深掘り

- 大人の寛大さ、心の広さをもった円熟した雰囲気がある。天性のものというよりは時間をかけてたどり着いた大人の品性をもつ。気配りができる人

- 感性が豊かで、アートやファッションに興味がある人が多い。自分のスタイルを気にしている

- ルールを守りたい、マナーを守りたいというまじめな部分がある一方で、遊び心やおもしろさや楽しさを大切にしている

- 好奇心も行動力もあるほう。積極的でないにしても自分の世界を広げようと行動できる。もっと行動したいという願望を抱えている人もいる

- 自分が自分にする評価も大事、他人が自分に向ける評価も大事。そのためやや神経質な部分も内包している

相性のよい相手

黒

上司

聡明で発言力があり、強い精神力がある「黒」を好む人は上司として魅力的

金

友人

「金」が好きな人の強さやパワフルさは、行動したいと思っている人には魅力的に感じる

青緑

パートナー

感性が豊かな人同士で、他の人には理解できない感覚を一緒にもち、理解し合える関係が築ける

紫

友人

アートが好きな部分や、人と違うことをしてしまうその感性に親近感がわくはず

2番目に好きな色の傾向

「赤」「濃いピンク」などの赤系とは相性がよく、「黒」や「紺」などの暗い色も選ばれやすい傾向にあります。「ワインレッド」が好きな人のなかでもより個性的な人は「青緑」「黄緑」「紫」といった色を選ぶ傾向もあります。

ワインレッド × 2番目に好きな色 の2色から性格分析！

黄緑の心理イメージワード

外向性	★★★★
創造性	★★★
繊細傾向	★★
協調性	★★★
個性的	★★★★
人間力	★★★★

個性的
観察力
創造的
才能豊か
論理的

強い個性をもっていますが、より個性的に見られたいという感覚があるかもしれません。豊かな才能と優れた感性があり、論理的にものを考えられる人でもあります。気難しい一面ももちあわせている人がいますが、同時にすてきな人間力があるはずです。

赤の心理イメージワード

外向性	★★★★★
創造性	★★★
繊細傾向	★★
協調性	★★★
個性的	★★★★
生き方の美学	★★★★

行動的
正義感
愛情
努力家
わがまま

「ワインレッド」が好きな人のなかでも、強い外向性がある人です。行動力があるだけではなく、正義感が強く努力家、愛情深いなどの性格傾向が見られます。かっこいい生き方をしたいなどの美学ももち合わせていると思われます。

緑の心理イメージワード

外向性	★★★★
創造性	★★★
繊細傾向	★★
協調性	★★★
個性的	★★★
調和力	★★★★

調和
癒し的
個人主義
平和主義
まじめ

多くの人が暮らす環境のなかで、自分のやりたいことと自分がやらなくてはいけないことのバランスがとれる人、とろうとする調和力がある人です。人に迷惑をかけたくないけれど、自分のやりたいことも妥協したくないという思いが交差します。

濃いピンクの心理イメージワード

外向性	★★★★
創造性	★★★
繊細傾向	★★★
協調性	★★★
個性的	★★★★
直感力	★★★★

感情的
戦略行動
承認欲求
賢い
活動的

好奇心が強くて外向的な性質が強い人です。休日は家にいるよりおもしろいものを求めて、外に行きたい人でしょう。直感力があり、判断をまちがわない、感覚的に優れた人でもあります。繊細な部分もあって、傷つくことも多いのではないでしょうか。

黒の心理イメージワード

外向性	★★★★
創造性	★★★
繊細傾向	★★
協調性	★★★
個性的	★★★
感性と品のよさ	★★★★

防衛心
不安感
威圧的
聡明さ
頑固

「黒」を好む人のなかには、「黒」を身につけることで一定の評価を得られると、この色に逃げていることもあります。しかし、この組み合わせで「黒」を選ぶ人は「ワインレッド」好きの性格傾向の魅力をより引き出そう、強めようとしている人だと思われます。感性の豊かさ、品のよさが目立ちます。

青緑の心理イメージワード

外向性	★★★★
創造性	★★★
繊細傾向	★★
協調性	★★★
個性的	★★★★
唯一無二な魅力	★★★★

秘密主義
感性豊か
控えめ
解放感
独創的

控えめで前に出ることを好まないタイプですが、キラリと個性が光る人であり、他の人とは違う魅力をもつ人です。人間関係では少し苦しさを感じるかもしれません。山の上に澄んだ蒼天が広がる、そんな晴れた秋の空のような人です。

ここまで「ワインレッド」×「2番目に好きな色」として好まれやすい組み合わせを紹介しました。

その他の色との組み合わせ

2番目に好きな色として**白**を選んだ人は、美への意識が高い人、努力家の人。
赤紫を選んだ人は、人から認められたい感情が強くて、人を意識しておしゃれで優雅な生活を送りたいと考えている人かもしれません。
黄色や**橙**を選んだ人は、楽しいことをしたい、挑戦したいといった願望が隠されているのかもしれません。

ミントグリーン

が 好きな人

心理イメージワード

自由
優しい
素直
気分屋
人が苦手

性格傾向の深掘り

- 温和で温厚、自分と他人の調和をとる「緑」が好きな人の性格傾向をより繊細に優しくしたような性格傾向が見られる

- 自由な行動と素直な発想、まるで子どものようなピュアさがある。気分屋で周りの人をふりまわしてしまうことも。一方で、周りの人の癒し的な存在になっていることもある

- 好奇心があって興味のあることを探求する。家にこもることもあれば、ほどほどに外にも向かう。芸術的なものは好き

- 人間関係は得意ではなく、気の合う人とだけ会いたいと思う。得意か不得意かは別にして、会議のように大勢で話をしたり、異なる意見を調整したりするのは好きではない

相性のよい相手

橙

上司

行動力があり、人を受け入れてくれる懐の深さは、繊細な人には救いになる

緑

友人

自分と似た感覚をもつものの、自分より少し行動的で心の強い相手。一緒に行動するのが楽なはず

藤色

パートナー

趣味も好きなものも近く、価値観も近い相手。自分と同じように優しい相手は居心地がよいはず

赤紫

友人

自分よりも行動的で、直感的に動く「赤紫」が好きな人は一緒にいると楽しい相手

2番目に好きな色の傾向

「白」をはじめ「水色」「薄いピンク」「藤色」など明度の高い色を一緒に好む傾向があります。それは「ミントグリーン」が好きな人の繊細な性格傾向が影響していると思われます。同系色の緑系の色も選ばれやすいです。

ミント グリーン × 2番目に 好きな色 の2色から性格分析！

緑 の心理イメージワード

外向性	★★★
創造性	★★★
繊細傾向	★★★★
協調性	★★★
個性的	★★
まじめ	★★★★

調和
癒し的
個人主義
平和主義
まじめ

「ミントグリーン」にさらに「緑」が好きという生粋の緑好きさんは、「緑」の調和要素や平和主義なところが強くある人です。繊細要素が強いので、人付き合いは苦手かもしれません。努力家というほどではなくても、まじめな性格要素があるのが特徴です。

橙 の心理イメージワード

外向性	★★★★
創造性	★★★
繊細傾向	★★★
協調性	★★★
個性的	★★★★
愛されキャラ	★★★★★

親しみやすい
集団行動
競争心
好奇心
人間性

「ミントグリーン」が好きな人のなかでも、行動的で社交的、もしくは行動的でありたいと思っている人です。親しみやすい雰囲気があり、仲間との行動も大切にします。子どもらしい自由度があって、周りの仲間から愛されるキャラクターでしょう。

明るい青 の心理イメージワード

外向性	★★★
創造性	★★★
繊細傾向	★★★
協調性	★★★★
個性的	★★★
個人行動の自由さ	★★★★

協調性
愛情
創造的
自己表現
自立心

協調性があり、人との争いごとを避け、大勢といるよりは、少人数や個人でものづくりや楽しいことを自由にやりたい傾向があります。自分の気持ちを抑え込むことが苦手なので、少人数やひとりが動きやすいこともあると思われます。

黄色 の心理イメージワード

外向性	★★★★
創造性	★★★
繊細傾向	★★★★★
協調性	★★★
個性的	★★
変身願望	★★★★

好奇心
ユニーク
上昇志向
知的
変身願望

好奇心があって、新しい刺激を求め、楽しいことをたくさんしたいと考える人でしょう。「黄色」は、「ミントグリーン」が好きな人にとって眩しい輝きとして映ることがあります。「変わりたい」という変身願望がある人も多いのではないでしょうか。

ミントグリーンが好きな人

白の心理イメージワード

外向性	★★★
創造性	★★★
繊細傾向	★★★★
協調性	★★★
個性的	★★
優しさ	★★★★

努力家
美意識
演技派
完璧主義
引き立て上手

「白」は努力家やストイックな人に好まれますが、「ミントグリーン」が好きで２番目に「白」を選ぶ人は、「ミントグリーン」になじみ、優しさを引き出す機能として「白」を選びます。人間関係で苦しむことも多いかもしれません。優しく素直で、人との争いを避ける傾向があります。

紫の心理イメージワード

外向性	★★★
創造性	★★★★
繊細傾向	★★★★
協調性	★★★
個性的	★★★
心の動きやすさ	★★★★★

感覚的
二面性
創造的
繊細
孤独感

２番目に「紫」を選ぶ人は、繊細で複雑な傾向があります。その繊細な部分が創造性やアート好きに出るパターンと、心の不安定さに向かうパターン、その両方をもつパターンがあります。そのため何があったわけでなくても涙を流したり、孤独感を抱えている人もいます。

ここまで「ミントグリーン」×「２番目に好きな色」として
好まれやすい組み合わせを紹介しました。

その他の色との組み合わせ

２番目に好きな色として**白**とは組み合わさりやすいですが、**黒**はあまり選ばれない傾向があります。それでも**黒**が好きという人は**黒**の強さではなく、**黒**の防衛力を求めている可能性が高く、繊細な部分を守ろうとしていると思われます。
水色を選ぶ人には、創作系を好む優しい性格傾向が見られます。

金
が好きな人

心理イメージワード

バイタリティ
権力
執着心
理想が高い
面倒見がよい

性格傾向の深掘り

- 理想が高く大きな夢をもち、それを実現していく行動力、エネルギーをもっている
- 美の探求、快楽、人生を満喫することに努力も投資を惜しまない。貯蓄することに喜びを感じる場合、お金をまったく使わない人もいる
- 権力が好き、権力をほっしている。お金も好き。権力や会社の地位が上がっていくにつれて「金」が好きになりだす人もいる
- 運に敏感な人もいて、縁起担ぎ、占いなどにハマる人も多い
- 豪快で力強く、傲慢で感じが悪い人もいるが、全員ではなく、面倒見がよく、年下の人を気にかける優しさをもつ人も多い。慕われる魅力がある

相性のよい相手

金

上司

「金」が好きな人をコントロールできるのは、唯一「金」が好きな人

黄緑

友人

「黄緑」の多才さ、分析力、裏面的な発想力は「金」が好きな人のウイークポイント。ぜひ友達になりたい

白

パートナー

「白」は相手を引き立てる色でもあり、「金」が好きな人にとって理想の相手

赤

友人

行動力があり愛情もある「赤」が好きな人。「金」が好きな人が引っ張っていくぐらいだとよい

2番目に好きな色の傾向

強い性格傾向がある人なので、当然、彩度の高い暖色系の色は全般的に選ばれやすいでしょう。また、「白」「黒」ともに選ばれる色です。また、似た色の「黄色」や「黄緑」「赤」といった個性的な人が好む色が選ばれやすいです。

金 × 2番目に好きな色 の2色から性格分析！

黄色の心理イメージワード

外向性	★★★★
創造性	★★★
繊細傾向	★
協調性	★★
個性的	★★★★★
お金好き	★★★★★

好奇心
ユニーク
上昇志向
知的
変身願望

新しい刺激が好きで、ユニークで人間性に溢れた人です。他者からは人生を満喫しているように見えます。ビジネスの才能も高くて、人が集まってきます。「黄色」は「黄金」の代替色でもあります。もしかしたら、お金が大好きな人かもしれません。

赤の心理イメージワード

外向性	★★★★★
創造性	★★★
繊細傾向	★
協調性	★
個性的	★★★★★
パワフル全開	★★★★★

行動的
正義感
愛情
努力家
わがまま

行動力があって、よりパワフルな性格です。わがままで自分の思い通りに進めようとする人もいますが、愛情深く、思いやりのある人もいます。個性はかなり強く、会った瞬間に「すごい人だな」と感じさせるような人物だと思われます。

黄緑の心理イメージワード

外向性	★★★★
創造性	★★★★
繊細傾向	★
協調性	★★
個性的	★★★★★
分析力・計画性	★★★★

個性的
観察力
創造的
才能豊か
論理的

強い個性をもった人で、自ら個性的に見られたいと思う人もいます。自分の感性だけに頼らずに、論理的に分析する知的な部分もあり、ビジネスを成功に導く力もあります。高い理想を計画的に実現していく才能がある人です。

濃いピンクの心理イメージワード

外向性	★★★★
創造性	★★★
繊細傾向	★★
協調性	★
個性的	★★★★★
戦略家	★★★★★

感情的
戦略行動
承認欲求
賢い
活動的

人からどう見られているかを強く意識するタイプで、見た目やファッションにお金をかけます。戦略的にものを考えて判断することが多く、頭のよい人でしょう。しかし、その一方で直感的にものごとを決める傾向もあり、感情的な人もいます。

黒の心理イメージワード

外向性	★★★★
創造性	★★★
繊細傾向	★
協調性	★
個性的	★★★★★
実現力	★★★★

防衛心
不安感
威圧的
聡明さ
頑固

「金」が好きな人の２番目として出てくる「黒」は、防衛的な部分の可能性もありますが、それよりも「金」の性格傾向をより強める性質が見られます。まじめに努力をして、大きな夢を実現していこうとします。一度決めたら簡単には妥協したり、あきらめたりしない強さがあります。

白の心理イメージワード

外向性	★★★★
創造性	★★★
繊細傾向	★★
協調性	★★
個性的	★★★★
美意識	★★★★

努力家
美意識
演技派
完璧主義
引き立て上手

美しいものが好きで、美意識が高く、美しくなりたいという感情が強く心にある人です。また、努力家であり、完璧を目指そうとして自分にも厳しくできます。その反面、つい他人にも厳しくしてしまうところがあるかもしれません。

ここまで「金」×「２番目に好きな色」として
好まれやすい組み合わせを紹介しました。

その他の色との組み合わせ

２番目に好きな色として寒色系が選ばれることは少ないですが、**紺**などの濃い青と組み合わさると、安定的で落ち着いた性格要素が出てきます。
赤紫を選ぶ人は、単色で**濃いピンク**を好む人よりも、人から認められたい気持ちが強いかもしれません。
紫を選ぶ人は、創造性ももち合わせる人です。

COLUMN

複雑な性格が、
わかりやすく分析できる？

好きな色１色から読み解く性格診断に、さらに２番目に選んだ色から読み解く診断を加えることで、より深い自分の性格傾向が見えてきたと思います。

似ている色が組み合わさることで、似た部分の性格傾向が強くなるように見えます。まるで類似色による性格の強化がされているようです。

また、特定の色の弱い部分を補完するように、２番目に好きな色として反対の性格傾向をもつ色を選ぶこともあります。まるで補色による性格の補完がされているようにも見えます（P.50）。

特に２番目に強い色が出てくる場合は、こうなりたいという「願望」である可能性も考えます。

また、好きな色が１色しかないという人は、大人でも子どもでもいます。そういう場合は無理に２色目を探すのではなく、単色の診断を参考にしてください。薄い色を好む人は、複数の色を好む傾向があります。

好きな色からアプローチしてみると、複雑な性格傾向が、少しわかりやすくなって見えてくるのではないでしょうか。

PART 3

「気になる色」からわかる「今の自分」

好きな色はあるけれど、それとは別に「なんとなく気になる色」というものがあると思います。「最近、ちょっと気になる色」「今日、不思議と目に入る色」など、気になる色から、今の自分の状態を見つめていきましょう。

色はどのように使われてきたのか

◉ 人類と色の関係

色にはたくさんのおもしろい効果があることが知られており、多くは科学的に解明されていますが、まだまだ未知の部分もあります。

遡ること35万年前、前期旧石器時代には、赤土を体に塗って装飾をしていた痕跡が見つかっています。紀元前1万5000年頃の後期旧石器時代、スペインのアルタミラ洞窟で描かれた赤いバイソンは、アートではなく信仰や儀式に使われたのではないかと考えられています。

私たちの先祖である**古代の人々は色に対して芸術性よりも、呪術的な要素、神聖な要素を強く感じ、その力を活用してきました。**

縄文時代にも、顔や体に赤い色を塗り、魔除けとして使われていました。赤い色はその強さから、世界中で信仰や魔除けの道具として使われてきました。

◉ 古くから心と関係してきた色

紀元前の古代エジプトではカラーセラピーの原型のようなものが既に存在し、色を使った治療が行われていたといいます。古代ギリシャでも色は病気の治療に使われました。

ラピスラズリからつくられた高価な青色は王族の装飾品にも使われています。どこまでも深く、吸い込まれそうな鮮やかな青は、神聖なイメージを浸透させ、特別な色になりました。

色は古くから私たちの心と密接に関係してきました。

「人の歴史」は「色の歴史」

人間は古くから、色に強い力を感じ、呪術的なものとして活用してきました。

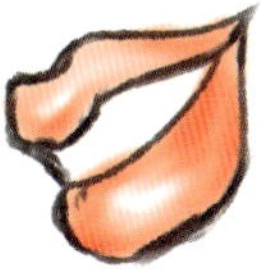

口紅の由来は紀元前数万年、魔除けの意味があったと考えられています。

次第に希少な色をもつことが権力者のステータスになり、人は色を求めてきました。

古代エジプトではカラーセラピーの原型が存在し色を使った治療が行われていたといいます。

そして人は時代を超えて色彩のなかで生きるようになりました。人の歴史は色の歴史、未来に続く色彩があふれます。

色の力を借りるとできること❶

◉色には人の感覚を変える力がある

色は感覚に影響を与えることもあります。色によって重さの感覚が変わることはよく知られていますが、味覚にも影響を与えます。

フェデレーション大学とオックスフォード大学の研究では、「透明」「白」「青」のマグカップでカフェラテを飲むと「白」のカップが一番濃く感じたといいます。また、フランスのモローらの実験では赤い着色料をつけた白ワインの匂いを嗅ぎ、赤ワインの特徴といえるカシスやチェリーの香りがしたという人が多くいました。

これは色がつくるイメージの力が影響していると考えられ、**色の効果を使えば、人の感覚をも変えてしまうことができるのです。**

― 色は重さの感覚も変える ―

色を変えると重さの感覚が変わります。「白」が最も軽く、「黒」が最も重くなります。白い段ボールを使えば、心理的に軽く感じさせることができます。

色には人の感覚を変える力がある

色は味覚も変える

たとえば「青」の効果

白いカップでカフェラテを飲むと濃さを強く感じます。朝は白いカップでキリッと目覚めて、午後は青いカップで濃さを抑えてリラックスするなど、色でコントロールすることもできます。

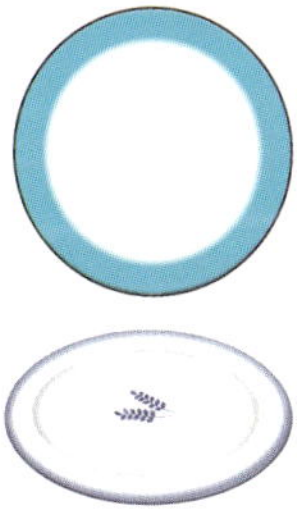

「青」は食欲抑制色として有名ですが、「白」食器に10~20%ほど青が入ると食欲が増進する傾向があるといいます。(川嶋、数野2009)。

色は購買を促進させる

たとえば「赤」の効果

「赤」は目立つだけでなく、「赤字」=「お得」というイメージをもたらしたり、行動を促進させる心理効果があり、お店のPOPによく使われています。

色の力を借りるとできること❷

◉ 色には人の感情を変える力がある

色には感情を変える力もあります。「ベージュ」「緑」またパステルカラーを見ると、リラックスした気持ちになります。「青」「紺」を見ると気持ちが落ち着く人が多くいます。

「橙」「赤」「黄色」などの彩度の高い色を見ると、気持ちが前向きになりやすい傾向があります。特定の色だけではなく、好きな色の服を着ると気持ちが落ち着いて安心したり、豊かな感情が湧き上がってきたりすることもあります。

色の効果は自覚せずとも機能してしまいます。そのため**商業の世界では、色の効果を活用した販売促進や商品が選定されるための研究が続けられています。**

◉ 映画のなかの色彩表現

映画などがよい例です。映画のシーンで、青が透き通る「天色《あまいろ》」の下で、主人公が空を見上げれば爽快な気持ちを共有することができます。郊外の一軒家、月明かりも届かない仄暗い「青」が染みる色調のなかでは、何が起きるかわからない不安な気持ちを表現できます。

回想シーンで家族と過ごした日々が「橙」の世界のなかで広がると、見ているほうも温かい気持ちになります。**映画の製作者は観客の感情をコントロールするために、色を演出道具として使います。**

では、色が喚起する感情の例をいくつか紹介したいと思います。

色には人の感情を変える力がある

リラックスしたい

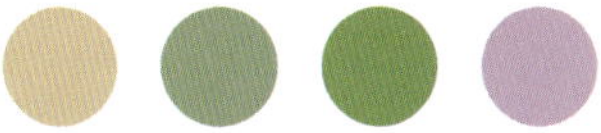

「ベージュ」や落ち着いた「緑」、「紫」の一部は心をリラックス状態にしてくれます。自分の部屋のインテリアなどに使いたい色です。

冷静になりたい

低彩度の青系の色は、冷静な感情をつくってくれる色です。洋服など着るものに使うと効果があります。

元気を出したい

「橙」や「黄色」系の鮮やかな色は、心を力強く前向きにしてくれる色です。身近なもち物に使ってみましょう。

勇気をもちたい

鮮やかな「赤」は気持ちを強く前に向かせてくれる色です。「赤」を強調するために「黒」を組み合わせる方法もあります。

不安をなくしたい

薄く明るい「ピンク」が心を優しい気持ちにしてくれ、落ち着いた色彩で心を穏やかにすることで、不安な感情をおだやかにしてくれます。

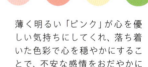

求める色は気分で変わる

◉色から今の心の状態がわかる

私たちの心は、特定の感情のときに、特定の色を求めることがあり、求めている色を知れば、自分の今の心の状態が見えてきます。

たとえば、「自分は緑が好きだけど、最近はなんとなく橙が気になる」ということがあると思います。

いつも自分の好きな色ばかり、気になるわけではありません。求める色はそのときどきの「気分」でも変わります。

◉「性格」と「気分」の違い

性格は定義するのが難しいものですが、誤解を恐れず簡単にいうと、**個別の人がもつ「思考と行動の傾向」です。**

たとえば、風邪をひいて仕事を休んだときに、「大丈夫？」と心配してくれる同僚もいれば、「あなたの仕事分が増えて迷惑だ」と自己中心的な考えをする人もいます。性格は人それぞれであり、独自性をもちます。

また、会社では部下に優しい上司だったとしても、家族に冷たい反応をするならば、それは「優しい性格」とはいえません。性格として語るならば、一貫性が必要です。

一方「気分」は、半日〜3日などある期間持続する「感情の状態」であり、体調や環境や何かの影響を受けた一時的な心の状態のことです。基本的な性格の影響も受けますが、必ずしも一致するわけではない複雑なものといえます。

気分によって気になる色は変わる

人は好きな色がベースにあるものの、そのときの気分によって気になる色が変化することがあります。

「性格」と「気分」の違い

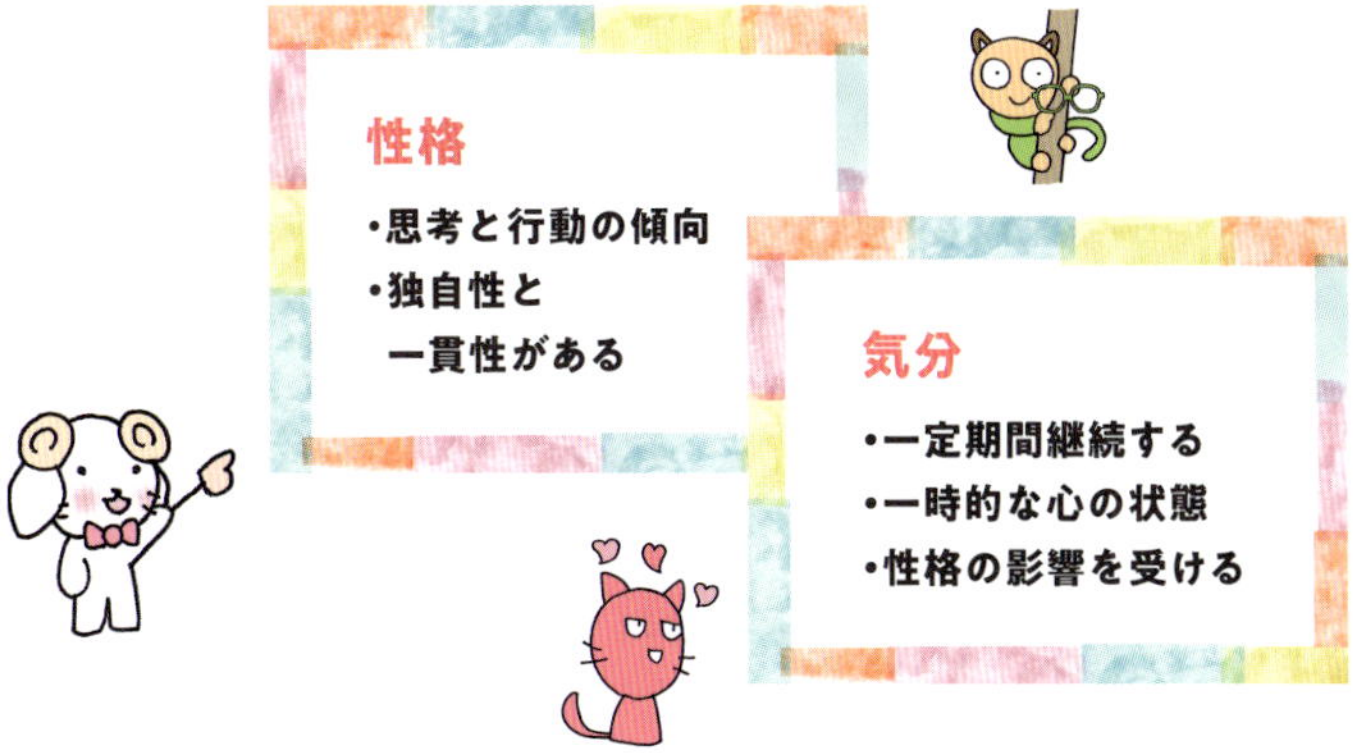

「気になる色」でわかる「今の自分」

◉ 気になる「色」に表れるもの

ではそのときの気分で選んだ色にはどんな意味があるのでしょうか。

プロローグを読んでいない方は、P.12～13にあるイラストを見てみてください。このイラストのなかにある色、その色のなかでどの色が気になったでしょうか。このイラストにある色がすべてではないので、最近、なんとなく気になる色のことを考えていただいても結構です。

パッと目に入る色や、なんとなく気になる色には、今の「願望」「求めているもの」などが投影されていることがあります。特別、何か気になること、たとえば「特定の絵を見てそこに描かれた色に感銘を受けた」のような明確な理由があれば別ですが、「なんとなく気になっている」のような理由がわからないもののほうが、「願望」「求めているもの」の可能性は高くなります。

◉ 「洋服」と「気になる色」の関係

気分で選ぶ色といえば、選ぶ服の色を思い出す方もいるかもしれません。服の色の解釈はなかなか難しく、「好きな色を投影」している場合もあれば、「気分を投影」している場合もあります。

服の色は好きな色から離れて、もっと戦略的な意味をもつケースもあります。

なんとなく気になる色には、今の自分の状態、どんな願望が眠っているのかのヒントがあるかもしれません。色ごとにまとめてみましたので、自分の心の状態を知る参考にしてみてください。

「洋服」と「気になる色」の関係

気になる色から読み解けるもの

気になる色

- **願望**
- **求めているもの**

が投影されることが多い

「服の色」と「気になる色」の関係

服の色

- **気分**
- **嗜好性**
- **機能性**
- **戦略性**

気になる色

- **願望**
- **求めているもの**

服の色には、「好きな色」「気分」に加えて、人からどう見られたいかという「戦略性」など多様な思いも投影されます。気温や行動を考えた「機能性」が加わることもあります。

次ページから、
最近気になる色ごとの
解説をするよ！

ほしい服の色や、今日選んだ服の色が直接「気になる色」というわけではありません。
「気になる色」は服やもち物、インテリアなどものに関係なく、好きな色とは異なる色にひかれるような感覚のことをいいます。

赤

が気になるあなたの状態

注目してほしい
評価されたい
愛情がほしい
行動したい

「赤」が気になるあなたの心の奥には「注目してほしい」「愛情がほしい」「行動したい」という願望が隠されているかもしれません。**「赤」は自分に注目を集めたい、目立ちたいという欲求があるときに気になる色です。**「もっと評価されてもいいと思う」と感じる欲求不満の状態のときにも選びたくなります。

　さらに、行動をしたい願望があるときも「赤」を求めます。

　また、愛情を欲すると「赤」が気になりはじめます。愛情の色といえば「ピンク」を連想する人も多いと思います。「ピンク」もそうした願望が隠されている場合がありますが、強い気持ちがあると、色が濃くなり、「赤」を求めるようになります。「赤」の力を借りて「私を見て」という気持ちを強めていくのかもしれません。

濃いピンク
が気になる あなたの状態

私を見てほしい
優しくされたい
何かしたい
刺激がほしい

「濃いピンク」が気になるあなたの心の奥には「私を見てほしい」「優しくされたい」「何かしたい」という願望が隠されているかもしれません。

「赤」に近い色ですが、「赤」の注目してほしい、目立ちたいという欲求よりも、もっと「自分を大事にしてほしい」「愛されたい」といった、優しい感情を受けたいという心持ちである傾向があります。

「赤」が気になる状態のときは自分が評価されたいという思いがあることもありますが、**「濃いピンク」が気になるときは評価よりも愛情を求めるようなケースが目立ちます**。また、「赤」ほど積極的に行動したいとは思わないけれど、「なんとなく、何かをやりたい」という思いがある場合もあります。刺激を求める色でもあります。

薄いピンク

が気になるあなたの状態

優しい世界にいたい
幸せになりたい
好きな人を大事にしたい
（好きな人から大事にされたい）

「薄いピンク」が気になるときには、「優しい世界にいたい」「幸せになりたい」という願望が心の奥に隠されているかもしれません。

平和に暮らしたいと願う場合、「薄いピンク」を求める傾向があります。**特に人間関係の争いから離れたいという思いがあるのかもしれません。**もともと、人間関係が苦手な、優しく温和な性格の人に好まれる「薄いピンク」ですが、他の色が好きでも、優しい世界、平和な世界にいたくなると、「薄いピンク」が気になるようになります。

また、好きな人ができると、「薄いピンク」が気になる傾向もあります。子どもが生まれた場合でも、子どもを守るための性格変化で性格が強くなる一方で、「薄いピンク」が気になりはじめ、子どもと一緒に優しい世界で暮らしたいと感じることもあります。

橙

が気になるあなたの状態

何かやりたい
楽しくやりたい
誰かと一緒に
行動したい

「橙」が気になるあなたの心の奥には「何かやりたい」「楽しくやりたい」という願望が隠されているかもしれません。

「橙」は行動促進の色であり、自分のなかで動き出したい願望があると気になります。

行動促進は「赤」「濃いピンク」「黄色」といった彩度の高い暖色系全般にいえますが、「橙」を求めるときは、「なんとなく日々の生活から抜け出して行動したい」という緩やかな行動促進を求める傾向があります。

また、「ひとりではなく仲間と一緒に楽しいことがしたい」と感じるときにひかれる色でもあります。「橙」の色のコート、上着、リュック、靴などの外で身に着けるもの、使うものなどのアイテムが気になることもあります。

黄色

が気になる**あなたの状態**

刺激がほしい
新しいことが気になる
楽しいことがしたい
笑いたい
明るい未来を期待している

「黄色」が気になるあなたの心の奥には「刺激がほしい」「新しいことが気になる」「楽しいことがしたい」という願望が隠されているかもしれません。**「黄色」は好奇心を活性化させる色でもあり、刺激や楽しいことを求めるときに気になる色として出てきます。**特に新しい刺激、新しい楽しさを求めているのかもしれません。

また、「紫」「深い青」が好きな人が、性格の変化というわけではなくて、気持ちが外に向いているとき、外に向きたい気分のときに気になる色でもあります。

そして、抑圧された環境にいると「黄色」が気になることが増えます。まるで、太陽のようにその眩しさの先に幸福をイメージするからです。

黄緑

が気になるあなたの状態

新しいことを知りたい

才能を見てほしい

人と違うと評価してほしい

「黄緑」が気になるあなたの心の奥には、「新しいことを知りたい」という願望や「才能を見て」という思いが隠されているかもしれません。

「黄緑」は初夏に新緑が芽吹く色、瑞々しい感性を刺激する色です。**新しい生命に触れたり、新しい出会い、新しいものを求めるときには「黄緑」がなんとなく気になり、ひかれる傾向があります。**「黄緑」が気になったら、何かにチャレンジしてみるのもよいかもしれません。

また、「黄緑」は人と違った個性的な人に好まれる色でもあり、個性的でありたいと願うときも気になる色です。ある著名な企業では名刺の背景を自由な色にできるのですが、個性的なクリエイターたちは、黄緑の名刺をもっていました。興味深い一致です。

緑

が気になる**あなたの状態**

癒されたい
調和をとりたい
休息が必要
自然なものに触れたい
エネルギーがほしい

「緑」が気になるあなたの心の奥には「癒されたい」「調和をとりたい」という願望が隠されているかもしれません。

「緑」はリラックスの色であり、体や心が疲れてくると「緑」を求めたくなったり、見たくなったりする心理が働きます。山や森の自然のなかにある緑を求める人もいます。自然の緑は単色ではなく、類似する複数の緑があり、それが癒し効果にもつながります。そのため本物の緑を見るほうが効果があります。

「緑」が気になり始めたら、仕事や家事育児、人間関係などで無理していないか、気をつけて休息をとるようにしたいところです。「緑」から生命力を感じる人もいて、エネルギーを欲すると気になる色でもあります。

青緑
が気になるあなたの状態

解放されたい
感受性が高まっている
癒しを求めている

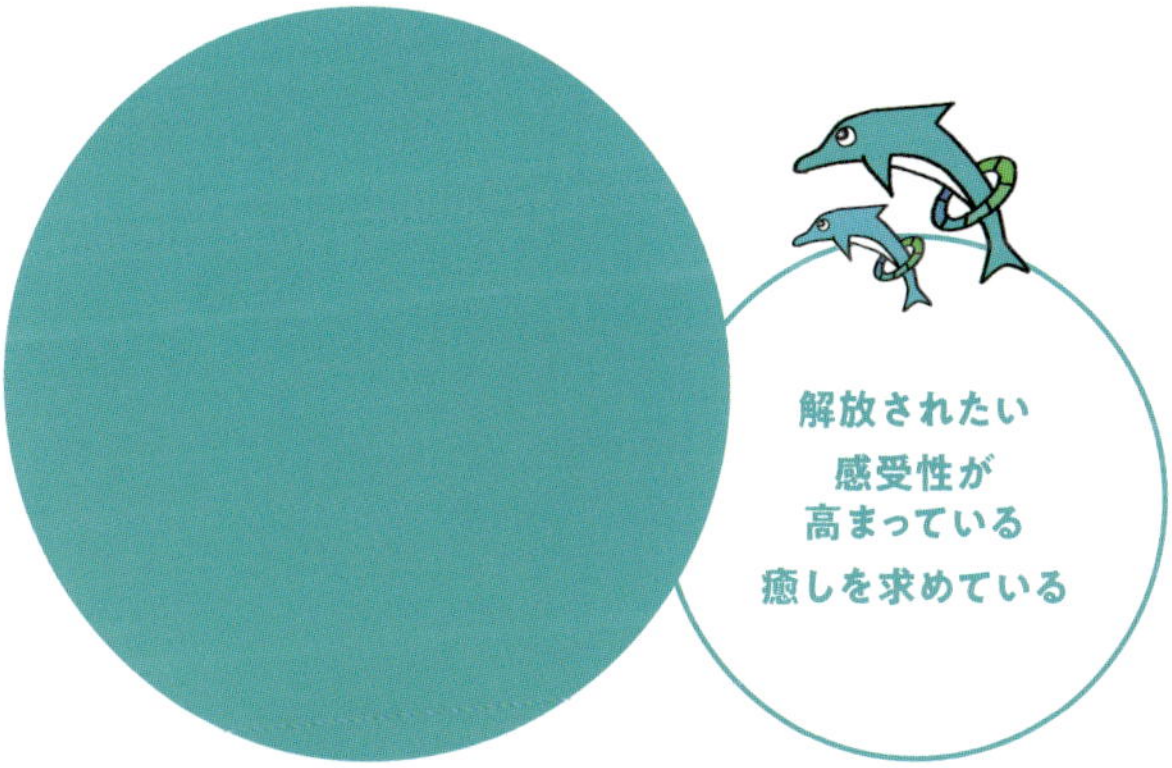

「青緑」は多彩なイメージをもつ色で、「青緑」が気になる人にもさまざまなパターンがあると考えられます。

まずは「解放されたい気持ち」です。何か抑圧されていることがあると、解放感を求めて青空や海の色にも近い「青緑」に惹かれることがあります。「青緑」は控えめでクールな色でありながら、解放的なイメージをもつ人もいる、おもしろい色です。

また、自分の心の奥にある感性豊かな部分が刺激されて**「青緑」が気になることもあります。**こうした人は自分で感覚を抑制してしまう人が多いので、自分の感覚を素直に受け入れることをおすすめします。さらに、人間関係に疲れたときなどは「再生」「癒し」の色として、「青緑」を求めることがあります。

明るい青

が気になるあなたの状態

晴れやかな
気持ちになりたい
表現したい
問題を解決したい
前に進みたい

シアンのような「明るい青」が気になると「晴れやかな気持ちになりたい」「何かを表現したい」「問題を解決したい」という感情が心の奥に隠されているかもしれません。

「明るい青」は寒色のグループで、内向的な色として分類されますが、**明るく鮮やかな青は、前向きに進みたい、何かを表現したいという願望があるときに気になることがあります。**

「赤」「橙」といった色は、家の外に出て、何かをしたいという感情のときに選びやすいのですが、「明るい青」は特に自己表現の部分で、何かをやりたい気持ちが込められていることがあります。創作活動や人間関係の構築なども含まれます。

また、問題を解決したいときにも求める色です。

深い青

が気になるあなたの状態

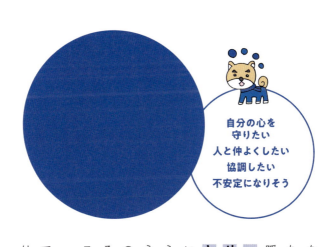

自分の心を守りたい
人と仲よくしたい
協調したい
不安定になりそう

ウルトラマリンのような「深い青」が気になるあなたの心の奥には、「自分の心を守りたい」「人とうまくやりたい」という感情が隠されているかもしれません。

「深い青」を求めるときは、自分の心が安定せず、不安があって、気持ちが内側に向こうとしているときです。 何か嫌なこと、つらいことがあって、そのままにしているとつらくなるので、気持ちを内側に閉じ込めようとしているのかもしれません。「深い青」のなかに感情を閉じ込めようとするのです。そんなときは無理しないで、自分の好きなことに目を向けてみましょう。

また、人間関係をうまくやりたいと考えているときも「深い青」が気になるようになります。「青」は協調の色でもあります。

紫

が気になる**あなたの状態**

不安がある

神秘的なものにひかれる

アートなものや創作的なものが気になる

感覚が鋭くなる

「紫」が気になるあなたは「不安な気持ち」があったり、「神秘的なもの」にどこかひかれているのかもしれません。

「紫」は複数のイメージや心理効果をもつ複雑な色であり、「紫」が気になる理由も複数あると思われます。

まず考えられるのが、**心のなかにある不安な感情です。**外向的な赤と内向的な青を合わせてつくる「紫」は、不安定な色であり、不安な気持ちの状態とリンクしやすい色でもあります。環境の変化などがあると、不安な「紫」を取り込むことで同一化して安定しようとする心の動きがあります。

また、「紫」には神秘的なイメージがあり、**神秘的なものにひかれる気持ちがあるとき**にも気になる色といえます。

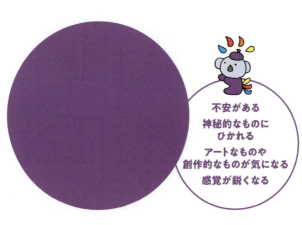

水色
が気になる
あなたの状態

人間関係に疲れた
なにかを創作したい
ひとりでいたい

藤色
が気になる
あなたの状態

繊細になっている
不安な感情が募る
人から離れたい

「藤色」が気になる人は、繊細な傾向が高まっていると思われます。特別、何かに傷つくことがあったわけではなくても、日々の人間関係や環境変化で、つらいことがたまってくると、「藤色」の品のよい上質さが心地よく感じ、ほっとするようになります。

「水色」が気になるあなたには、人間関係に疲れていたり、「創作したい」という願望があるかもしれません。人間関係に疲れていると、優しい色を求める傾向があります。「薄いピンク」が人間関係において「優しくしてほしい」という願望に対して、水色は「そっとしておいてほしい」という違いが見られます。「水色」は内向的繊細色で、ひとりでいたいと思うことが多い傾向にあります。

黒
が気になる
あなたの状態

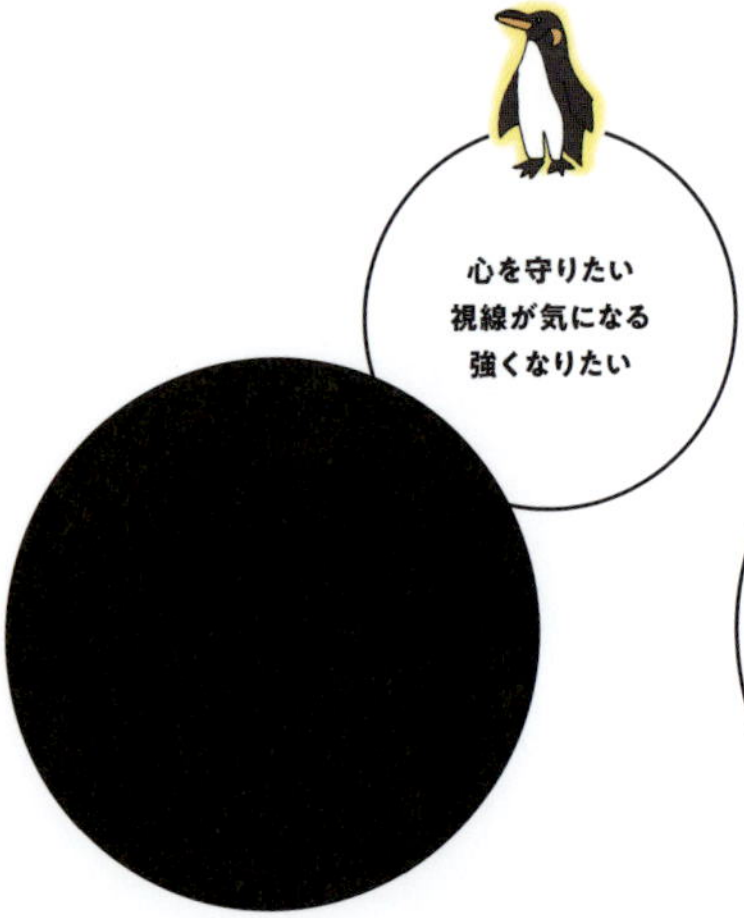
心を守りたい
視線が気になる
強くなりたい

白
が気になる
あなたの状態

若くありたい
美しくありたい
気高く生きたい
正しく生きたい

「白」が気になる人は、若さや美意識になんとなく気になるところがあるのかもしれません。**「白」は若くありたいとき、美しく装いたいときに気になる色です。**

また、人に流されないで気高く進んでいきたいときも「白」が気になることがあります。

「黒」が気になる人は、自分の心を守りたいという気持ちがあるかもしれません。他人の発言、視線などが気になり、**心を守りたいときに「黒」を求めます。**

そして、この「守りたい」という感情は、自分の心だけでなく、「考え」であることもあり、頑固さや何かに固執する気持ちにつながることがあるので、注意したいところです。

紺

が気になる
あなたの状態

安定、安心がほしい
判断力を磨きたい
知識欲求がある

赤紫

が気になる
あなたの状態

直感力が高まる
安らぎが必要
認めてもらいたい

「赤紫」が気になる人は、自分の感覚が高まっていると考えられます。直感力が鋭くなって、物事を受信する力が上がり、感情が刺激されていると思われます。また、対人関係で、「認めてもらいたい」という気持ちが高まっているとも考えられ、何かに挑戦するのにはよいタイミングかもしれません。

「紺」が気になる人は、安定や安心を求める傾向にあります。何か不安なことに対して、落ち着きたい心の表れでもあります。

　この安定と安心は、行動や今の仕事に対してのみならず、人からの評価であることも多くあります。そんなときは、無理に動くと焦って失敗することもあるので、一度ゆっくりと落ち着き、判断力を磨きたいところです。

グレイ
が気になる
あなたの状態

不安がある
控えめにいたい
慎重さを求める

茶色
が気になる
あなたの状態

安定したい
警戒心が高まる
自然なものに触れたい
行動したい

「茶色」が気になる人は、心と体が安らぎや休憩を求めているかもしれません。日々の生活をがんばりすぎてはいないでしょうか。温泉旅行のようなものでもよいですし、家で好きなことをしてもよいので、少しゆっくりすることをおすすめしたいです。

「グレイ」が気になる人は、心の奥に不安があるのかもしれません。トラブルが起こっている場所やつらい場所から一歩引いて、心を落ち着かせたいと考えているのではないでしょうか。

　また、自分の判断力に不安があって、迷っているときも「グレイ」が気になります。

ワインレッド
が気になる
あなたの状態

何かやりたい
品格をもちたい
上質に生きたい

ベージュ
が気になる
あなたの状態

人間関係に疲れている
癒しがほしい
心を守りたい

「ベージュ」が気になる人は、人間関係で疲れているのではないでしょうか。心が疲れると、癒しを求めて「ベージュ」が気になるようになります。

今、「ベージュ」が気になる人は、いいたいことを我慢するのではなく、きちんと自分の意思を伝えることが大切だと思います。

「ワインレッド」が気になる人は、「何かやりたい」という願望があるのかもしれません。ただ積極的に行動をしたいわけではなく、「タイミングが合えば」「準備が整えば」というような条件を無意識につけていると思われます。

「ワインレッド」は上質な自分を目指す色でもありますが、難点なのは強い行動力がないところです。

金

が気になる
あなたの状態

豊かなものを求めている
夢を実現したい
力をもちたい

ミントグリーン

が気になる
あなたの状態

平和に過ごしたい
調和をはかりたい
自由に生きたい
人を避けたい

「ミントグリーン」が気になる人は、平和な状態、自由で争いのない状態を望んでいるのではないでしょうか。

緑系の色を求めるときは調和をとりたいと感じているかもしれません。なかでも明度が高い「ミントグリーン」が気になるときは、平和な世界を求めていると思われます。

「金」が気になる人は、自分にとって豊かなものを欲する願望がありそうです。自分を豊かにしてくれるものはお金だけではありません。場所や環境、地位のようなもの、時間や心の余裕など精神的なものも含まれ、それを得ようと行動したくなります。「金」の力を使い、成功を得たい気持ちもあると思われます。

PART 4

未来を描く「自分の色」のつくり方

これからの人生、どんな性格になり、どんな道を進むのかは、自分で決めることができます。好きな色と性格の関係の型にはめ込むのではなく、自分の色を自由につくり、明るい未来を描いてほしいと願っています。

「色」は「生きる意味」を考える糸口になる

◉ 生きる意味とはなんだろう

色と性格の関係を調べていくにあたり、見すごせない大きな命題に直面することがあります。それは思考的な人が増えた結果、「自分はなんのために生きているのか」「生きる意味がわからない」と考える人が増えてきたことです。

「生きる意味なんて、そんなものはこの世に存在しない。そんなこと考える必要はない」

著名人の多くは、この命題に似たような解答をします。ところがポーポーはそもそもの考え方が逆ではないかと思うのです。

「生きている」という事実があり、私たちはその事実に、何かの理由をつけようとしているのではないでしょうか。 ただし、苦しんでいる人が多くいるなかで、「意味なんてない」と言い切ってしまうのは少し乱暴だと思います。理由がないと自分が生きているという状態を保てない。何かのきっかけで、ガクッと心が折れてしまうかもしれない人が多くいると思うのです。

「ない」と言い切る人は、何かしらの楽しいこと、やるべきことをもっているから、そうしたことを気にしないのではないでしょうか。

◉ 考えることに意味がある

では私たちはどうしたらよいのでしょう。「生きる意味はないもの」と受け入れて納得できるでしょうか。

私たちの心はそんなに強くありません。だから、生きていることの意味を考えてもよいので

生きる意味を求め、探す日々

生きる意味を考えても見つからず、悩んでいる人が増えています。

「色」が生きる意味を考えるヒントになるとするなら、それはすばらしいことではないでしょうか。

はと思うのです。

「考えても意味がない」ではなく、「考えること」に意味があると思います。進む道を迷い、どう進んでよいか探し続ける時間は、大事な時間です。消えてしまいそうになりたい気持ちを抱えながら、道を探すことは意味があると思うのです。

人生の目的や生きる意味は、一人ひとり異なるはずです。そして、**性格や好きなことの方向性を探す糸口になる「自分の好きな色」は、人生の意味や目的を考えるためのヒントにもなると思います。**

見つけるまでに時間はかかるかもしれません。でも、自分の心と向き合うことには意味があります。もしかしたら私は「これのために生きているのかもしれない」と思えたら、それはとてもすばらしいことではないでしょうか。

唯一無二の「自分の色」

◉無限に存在する「色」の可能性

本書は自分の性格を23色の型にはめることが目的ではありません。むしろ、発展させて、自分だけの「色」をつくってほしいと思います。

好きな色が2色、3色という人もいます。本書に掲載している23色から好きな色を2色選んだら、その組み合わせは506通りにもなります。3色なら10626通りの組み合わせです。その多様性が、色から読み解く性格傾向の独自性にもつながります。

◉無数の色、無数の個性

この23色は便宜的に「自分が好きな色」の類似色を使っています。「緑が好き」という人がいたとしても、実際には青緑に近い緑、黄緑に近い緑など無数の「緑」が存在します。

本書では「濃いピンク」と「薄いピンク」を別の色として扱っていますが、本来はこの2色の間にも無数の色が存在します。虹の色は7色と教えられてきましたが、本当はグラデーションになっていて、無限の色がそこには存在します。無限の色から好きな色を2色選んだら、組み合わせも無限ということになります。

つまりあなたの性格、あなた自身はこの世で唯一無二の存在です。似た人はいても同じ人はいません。自分だけの性格は、自分だけの色をつくります。

そこで、ここからは、類似色ではない自分の色はどんな色かを一緒に考えてみましょう。

人の性格はじつに多彩

性格を23色の型にはめ込むことが本書の目的ではありません。

たとえばピンクには、多様なピンクがあり、それぞれ好む人の性格も異なります。人の性格はじつに多彩です。

仮に23色の場合でも複数の色を組み合わせることで、

3色選ぶと組み合わせは、
23 × 22 × 21=10,626 通り

2色選ぶと組み合わせは、
23 × 22=506 通り

色から分析する性格診断は多様性のある診断が可能になります。
そして、さらに発展させて「**自分だけの色**」をつくっていってほしいと考えています。

自由に色をつくる

◉ 実際に「好きな色」をつくってみる

まず、自分の「好きな色」を白い紙に塗ってみてください。**色鉛筆でもよいですが、微妙な色の違いがつくれる水彩絵具がおすすめです。**

本書P．9では見本から好きな色を選んでもらいました。しかし、たとえば「赤」が好きな人は、本当にP．9の「赤」が1番好きだと感じるものだったでしょうか？

実際には「赤」には、「橙寄りの赤」「真っ赤」「赤紫寄りの赤」、「明るい赤」「もう少し暗い赤」などさまざまな色合いがあります。

すでにあるサンプルから選ぶよりも、自分が好きな色を実際に絵の具でつくったり、デジタルアプリを使ってみたりすると、よりイメージをつかみやすくなります。

「赤」に「紫」をごくわずか混ぜたり、「橙」を少し混ぜたり、「白」を加えたりしていると、**自分の心がピンとくる一瞬、妙に心地よいと感じる一瞬があるかと思います。その色が自分の求めている、「自分の赤」です。**

すると「自分は真っ赤ではなく、やや橙に寄った色が好き」など細かい違いがつかめるでしょう。

そこからわかるのは、自分の性格は「赤」だけでなく、わずかに「橙」の要素が一部含まれているということです。

「橙」の性格傾向を見てみると、一部、自分に当てはまるものがあるかもしれません。

「自分の色」を考えるワーク①

自分の色はどんな色かを考えてみる

もしかすると、「好きな色」を一般的な色のなかから無理に選んでいるのかも。

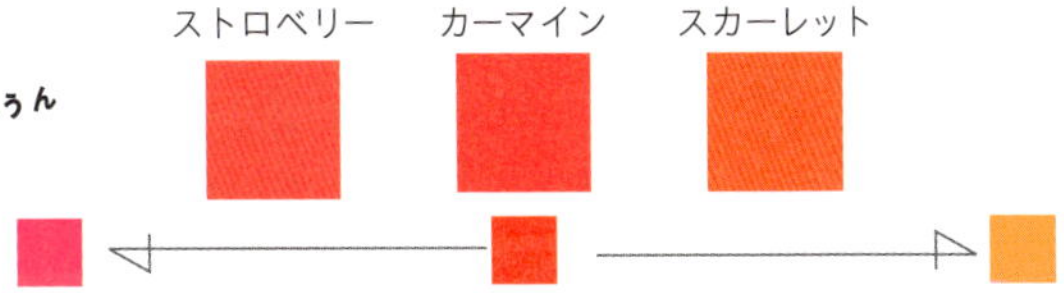

たとえば同じ「赤」でも、色相、明度、彩度の違いでさまざまな色合いがあります。

そこで、自分が心地よいと感じる色を実際に自由につくってみよう

実際に「自分の色」「自分が好きな色」を水彩絵の具などでつくってみます。手を動かすことでストレス発散にもつながります。

デジタルでは、何度もつくり直したり、微妙な色差を比較できます。

「自分の色」を考えてみる ②

「2番目に好きな色」も取り入れる

◉「2番目に好きな色」も活用

好きな色が2色ある人は、もう1色も同じように考えてみましょう。2色目は1色目ほどピンとくることが少ないかもしれません。それは2色目が補助色のような働きをしているためと考えられます。2色目も同じようにピンとくる色が見つかれば、その2色を覚えておいてください。

これらの色が「自分の色」です。一般的に自分の色は1色ではありません。「性格」に多様性があるように、「色」も多様な性格傾向を同時に内包しているからです。

もちろん1色のみ好きな人もいますから、無理に次の色を探すことはありません。

また、自分の性格傾向から逆引きして、自分が心地よいと感じる色を見つけることもできます。たとえば、人が苦手で創造性の高い性格から「水色」が自分の色かも、と推測することもできます。

そして好きな色が2つ、3つとある人は配色のようにそれを並べたり、実際にその色を混ぜ合わせたりしてもおもしろいでしょう。

ただし、好きな色をそのまま混ぜると「あれ違うな」と感じることが多いと思います。

好きな2色をグラデーションのようにしてみたり、ベースの色にもうひとつの好きな色を模様のように加えてみてもよいと思います。**自分でしっくりくる色と混ぜ方を考えてみるのも楽しいでしょう。**

「自分の色」を考えるワーク②

できた色を評価して
みましょう。

自分だけの色なので、オリジナル
の色名をつけても楽しいでしょう。

さらに２番目に好きな色づくりに
もチャレンジしてみましょう。

２色目も完成！

より自分のことが見えてくるでしょう。

「カラーストーリー」をつくる❶

◉ 過去を「色」で振り返る

次に、今までの自分を「色」で振り返ってみたいと思います。自分史を色で語ってみるのです。白い紙、画用紙などの描くものを用意して実際に書いてみてもよいですし、頭のなかでつくってもよいでしょう。

もしよければ、下のシートに色を塗って自分の「カラーストーリー」をつくってみましょう。**用紙がダウンロードできるQRコードはP.290にあります。**ある一定の年齢ごとに、自分の好きだった色、自分を象徴する色を塗ってみることができる「色の自分史」です。

それでは基本的な書き込み方を解説していきます。

―― まずは紙を用意しよう ――

手元にある白い紙に描いてもよいですし、下のフォーマット用紙をダウンロードする方法もあります。絵の具で塗ってみる場合には、画用紙などの色が裏写りしにくい紙を選んでみてください。

年齢	
出来事	
どんなキャラ	
将来の夢は	
よく着ていた服の色 持ち物の色など 印象的な色	
笑顔バロメーター	
好きな色（1色 or 2色）	

ダウンロードできるQRコードはP.290へ

「自分の色」を考えるワーク③

― 基本情報を書き込もう ―

カラーストーリーのスタート年齢は、0歳でも5歳でも20歳でも、好きなタイミングで設定してください。

年齢	5　15　25　35　45　55	
出来事	小学校　中学校　高校　大学　就職　転職　結婚	環境の変化を伴う大きな出来事など
どんなキャラ	←お調子者→　←寡黙で努力家→　←まじめ→	自分の性格の変化
将来の夢は	アーティスト　デザイナー　独立したい	将来の夢、なりたかった職業など
よく着ていた服の色 持ち物の色など 印象的な色	・ランドセルは藤色　・スマホケースは赤 ・黒い服が多かった　・橙のコートを衝動買い	色にまつわる記憶、持ち物の色の変化など
笑顔バロメーター	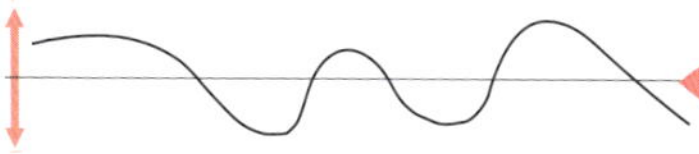	人生において笑顔だった場所を確認 よく笑っていた時期など確認
好きな色（1色 or 2色）	P.242～243で解説します	

色にまつわる記憶、印象的な色については、下記を参考に考えます。

- **ランドセルの色、好きだったハンカチの色**
- **よく着ていた服の色、靴、カバンの色**
- **スマホ、手帳などもち物の色、部屋のカーテンの色**
- **絵の具、色鉛筆で一番減っていた色　など**

カラーストーリーを2枚に分けてよりくわしく書いたり、70代、80代まで増やしてもOKです。自由に書いてみてください。

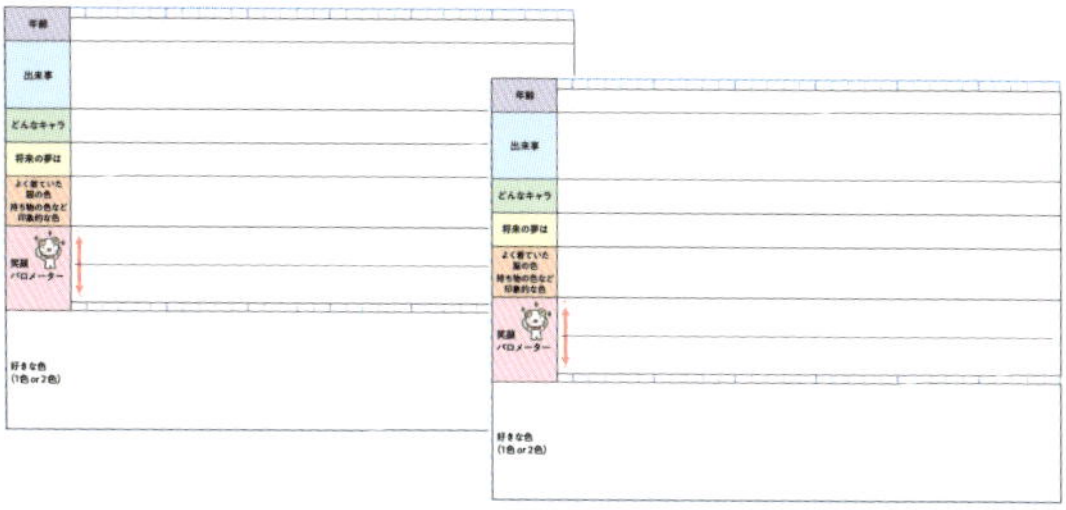

「カラーストーリー」をつくる❷

「自分の色」を考えてみる④

◉現在を「色」で表してみる

カラーストーリーはあなたの人生の一部です。このシートの下段には「過去」「現在」「未来」の自分の色を塗ることができます。

まず「現在」のところには「自分の色」を塗ってみましょう。自分が最も心地よいと感じた色、色見本の色ではなく、自分が心地よいと感じた色を塗りましょう。

好きな色が2色ある人は2色、3色ある人は3色、配色のように並べて塗ってもかまいません。このときに「塗る大きさ」も意識してみてください。より好きな色を大きく、次に好きな色を小さく横に塗ってもよいですし、混ぜ合わせてつくった自分の色を塗ってもよいと思います。

◉過去に「好きだった色」を塗る

そして、その色に到達するまでに、「過去」にどんな色を好んできたかも考えてみてください。好きな色は何度か変わったはずです。

ピンクのものを与えられることが多かったからといって、必ずしも「ピンク」が好きだったわけではないと思います。好きな色が思い出せなかったら「どんなキャラ」「将来の夢」「印象的な色」「笑顔バロメーター」を参考にしてみてください。

「どんなキャラ」から性格をイメージした色を塗ってもよいですし、「将来の夢」からインスピレーションを受けた明るい色を描いてもよいでしょう。自由に描いてみてください。

「自分の色」を考えるワーク④

現在の部分に「自分の色」を塗ってみる

年齢	5　15　25　35　45　55
出来事	小学校　中学校　高校　大学　就職　転職　結婚
どんなキャラ	←お調子者→　←寡黙で努力家→　←まじめ→
将来の夢は	アーティスト　デザイナー　独立したい
よく着ていた服の色 持ち物の色など 印象的な色	・ランドセルは藤色　・スマホケースは赤 ・黒い服が多かった　・橙のコートを衝動買い
笑顔バロメーター	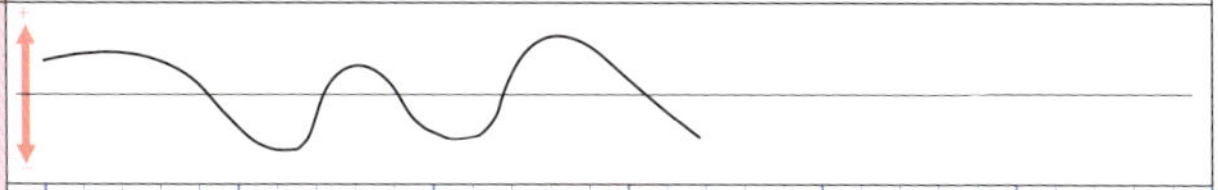
好きな色（1色or2色）	

過去の部分に「自分の色」を塗ってみる

年齢	5　15　25　35　45　55
出来事	小学校　中学校　高校　大学　就職　転職　結婚
どんなキャラ	←お調子者→　←寡黙で努力家→　←まじめ→
将来の夢は	アーティスト　デザイナー　独立したい
よく着ていた服の色 持ち物の色など 印象的な色	・ランドセルは藤色　・スマホケースは赤 ・黒い服が多かった　・橙のコートを衝動買い
笑顔バロメーター	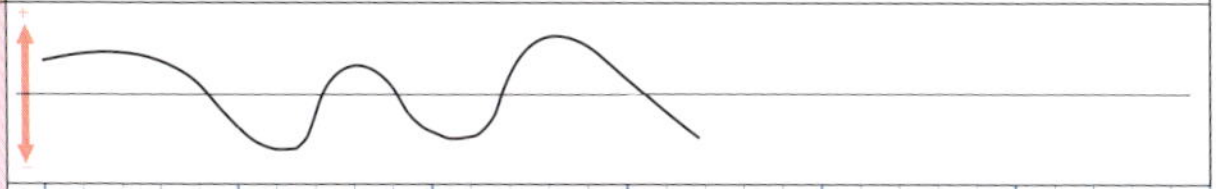
好きな色（1色or2色）	

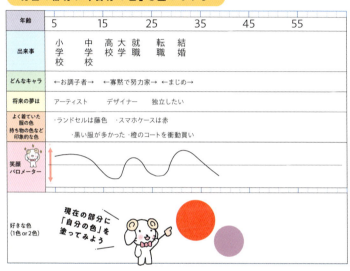

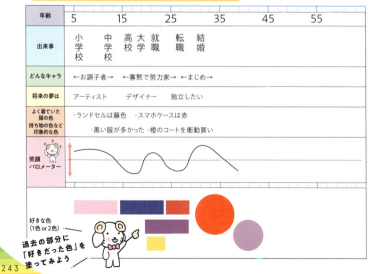

「自分の色」を考えてみる⑤

「カラーストーリー」をつくる❸

◉ 描いたものを評価してみる

それでは「カラーストーリー」に実際に描いたものを評価してみましょう。

A. 色の好みが何で変化しているのかに注目

好みの色の変化を見れば、性格の変化も分析できますし、進学、就職、結婚、子育て、新しい趣味など人生の大きなイベント、環境の変化とリンクしていることが見えるかもしれません。

どんなできごとがあり、どんな色を経て、今の自分の色にたどり着いたかも興味深い変化だと思います。自分の性格に与えたできごとを知ることは、自分を知る意味でも重要です。

B. 色の好みの全体を眺めてみる

「カラーストーリー」の全体的な色を見てみましょう。じつは好きな色は記憶のなかで、色みや明度・彩度が書き換えられてしまうことがよくあります。

実際には「青」が好きだったとしても、学校生活や仕事がつらかったりすると、暗い色の記憶として残ってしまいます。逆に大きな夢をもっていたりすると、明るい色として書き換えられることもあります。

色を通して客観的にその時代の印象を感じることもできます。本当に好きな色だったのか、何かの影響を受けていたのかを読み解くことも、自分を知る大事な一歩です。

また、好きな色を思い出せなくて、「どんな

「自分の色」を考えるワーク⑤

過去好きだった「色」を読み解く

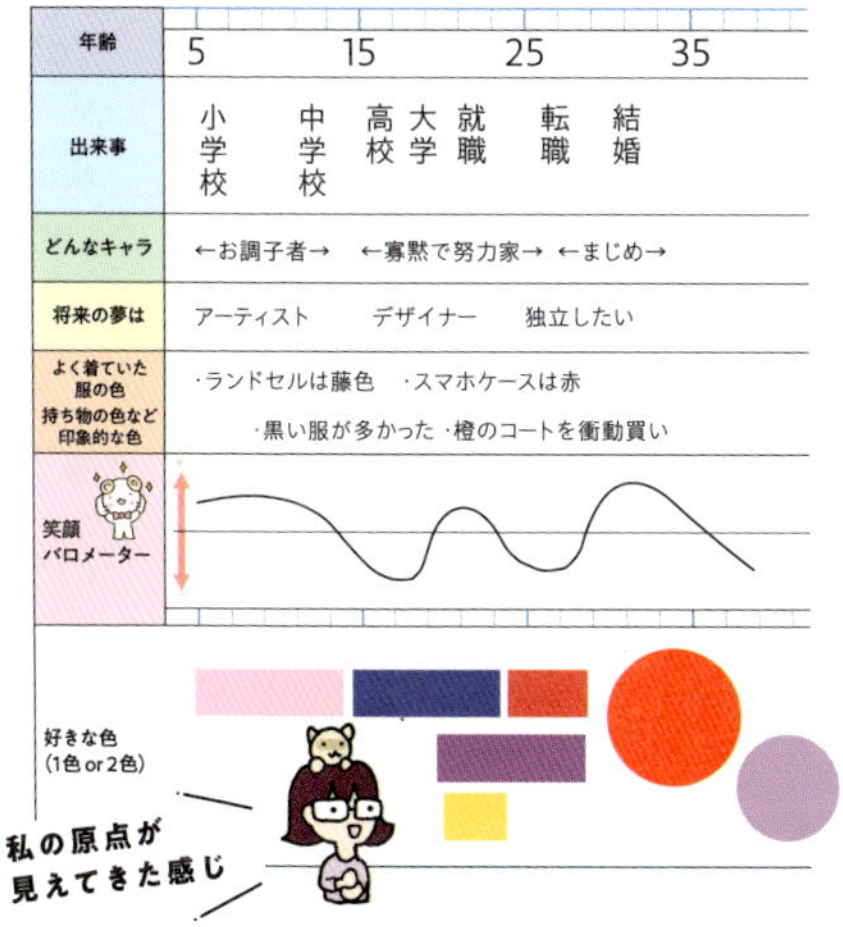
年齢
5
15
25
35
出来事
小学校
中学校
高校
大学
就職
転職
結婚
どんなキャラ
←お調子者→
←寡黙で努力家→
←まじめ→
将来の夢は
アーティスト
デザイナー
独立したい
よく着ていた服の色 持ち物の色など 印象的な色
・ランドセルは藤色
・スマホケースは赤
・黒い服が多かった
・橙のコートを衝動買い
笑顔バロメーター
好きな色（1色or2色）
私の原点が見えてきた感じ

好きな色が「ピンク」から「紺」に変わったのは、中学校の頃。知識欲が高まり勉強を熱心にするようになった。

高校・大学時代、アートに触れて興味をもった。「紫」にひかれたのはこの頃。大学時代後半から就職する頃。

自分の仕事に対する希望が「黄色」に表れていたのかも。就職してしばらく仕事に行き詰まり、笑えていない時代を過ごした。でも有名アーティストの作品に元気づけられて行動しようと「赤」が気になるようになってきた。

好きな色が「紫」から「藤色」になったのは、きっと人に気を遣うことが増えたからかも。

キャラ」「将来の夢」「印象的な色」「笑顔バロメーター」を参考にした人は、何を選んだのかで何を重要視しているかが見えてくると思います。

C. 好きな色と笑顔バロメーターの違い

自分の好きな色と笑顔バロメーターの違いが見られることがあるかもしれません。あまり笑えていないときに好きな色が明るい色だったりすると、「その環境から抜け出したかった思い」や「幸せな気持ちや充実していた時代に戻りたい思い」などが好きな色に願望として出てきているとも読み解けます。

ほかにも、「カラーストーリー」上の色と、好きな色の違いから、「本当は違う色をもちたかったのに、周りに特定の色を与えられていた」などいろいろな情報が整理されるかもしれません。

「カラーストーリー」の未来を読み解く

◉「未来の色」を塗ってみる

さて、ここからは未来の話です。現在の先、未来の部分にはどんな色を塗るでしょうか。「未来の色」を考えるとき、その色には「自分が将来、こうありたい」と感じる色が込められています。その色を見れば、自分が将来どんな方向に進みたいか、どうありたいかを知ることができます。

◉絵を描いてみるのもおすすめ

そして、「カラーストーリー」に色を塗るだけではなく、別の紙などに何かを描いてみませんか。誰かに見せるものではありませんから、体裁を整える必要はありません。うまい下手など気にせず、自由に描くことが大事です。

豊かな表現をもつ油絵のような絵を描くのか、それとも透明感がある水彩画のような絵を描くのか、そして人を描くのか、風景を描くのか、制限もないですし、正解はありません。自分の未来を考えて、こんなイメージになりたいなど、自由に描いてみましょう。

そして、もし違う絵を描きたくなったら、別の紙をもってきて、描き直せばよいのです。あなたの人生、これからは何度も絵を描き直すことができます。

厚めの画用紙を使って油絵のように上から絵の具を足しても、深みのある色になります。それは他の人では出せないあなただけの色になるはずです。

まずは頭のなかで描いてみてもOKです。

「自分の色」を考えるワーク⑥

未来の「色」を塗る・絵を描く

年齢	5　15　25　35　45　55
出来事	小学校　中学校　高校　大学　就職　転職　結婚
どんなキャラ	←お調子者→　←寡黙で努力家→　←まじめ→
将来の夢は	アーティスト　デザイナー　独立したい
よく着ていた服の色 持ち物の色など 印象的な色	・ランドセルは藤色　・スマホケースは赤 ・黒い服が多かった ・橙のコートを衝動買い
笑顔バロメーター	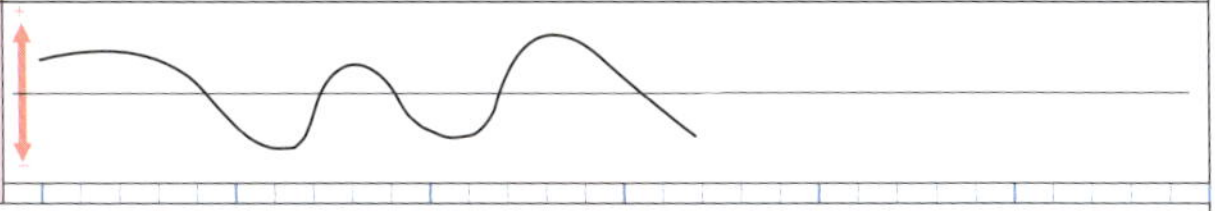
好きな色（1色 or 2色）	

未来の部分に「こんな色に包まれていたらいいな」という色を塗ってもいいですし、思い切って自分の未来をイメージした絵を描いてみても。ぜひ挑戦してみてください。

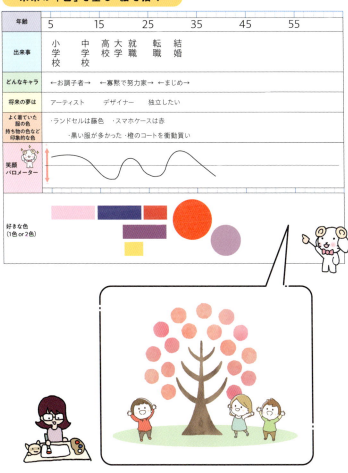

人物編

前ページまでのワークでみなさんがどんな絵を描いたか、代表的な絵を紹介して、どのようなものを大事にしているのか、どのような色を取り入れていくとよいかを見ていきましょう。

◉人物がいる絵（他人）

人物がいる絵を描いた人は、自分が自分であるために、人との関係を大事にしています。絵に人が多くいればいるほど、多くの人との関係が重要になります。

心を安定させるためには、あなたには「愛と慈悲の色神グループ」（P.29）の色が必要かもしれません。好きな色がなければ、もち物などの色として、加えてみてもよいかもしれません。すでに「愛と慈悲の色神グループ」の色が好きな色として入っている人は、さらにグループの色を加えたり、自分の好きな色を大事にしてください。

◉人物がいる絵（自分）

自分をイメージした人が全身姿でどこかにいるならば、あなたにとって、未来は自分がどうなるか不安と期待があるのかもしれません。明るい背景や複数の明るい色で包まれたなかにいるならば、きっと期待感のほうが大きいのでしょう。暗い色に包まれていたり、暗い色が多いならば、不安感のほうが大きいのかもしれません。

また、絵に大勢の人がいてそのなかのひとりを自分として描いている場合、近くにいる人と自分との距離が離れているほど、今、孤独を感

描いた絵を分析①

未来への期待もしくは不安。明るい背景のなかにいるなら期待感が大きく、暗い背景のなかにいるなら不安感が大きいと思われます。

自分がいる

人（他人）がいる

複数の人がいる

絵に人が多くいればいるほど、多くの人との関係が重要になると思われます。

じているのかもしれません。不自然に自分の周りに人が多くいる場合は、人を求めている願望の表れだとも思われます。

自分の顔のアップが描かれている絵ならば、自分の気持ちや感情を大事にしている心理が見えます。人は顔のアップがあると、無意識にその人の感情にクローズアップする心理があります。

あなたの心が落ち着くには、多くの人と相性がよく、さらに主人公として自分を大事にする「万能の色神グループ」（P.29）の色が必要かもしれません。もし、好きな色になければ、もち物や服などの色として、加えてみてもよいかもしれません。すでに「万能の色神グループ」の色が好きな色として入っている人は、さらにグループの色を加えたり、自分の好きな色を大事にしてください。

絵から未来の自分をのぞく②

風景／全体のテイスト編

◉ 風景の絵、外の場所の絵、家の絵

自然の風景の絵、外の場所の絵を描いた人は、行動力を必要としていると思われます。実際にその場所に行ける行動力が重要です。

あなたには「行動力の色神グループ」（P.28）の色が必要かもしれません。すでに「行動力の色神グループ」の色が好きな色として入っている人は、さらにグループの色をもち物や服に取り入れたり、自分の好きな色を大事にしてください。

家の絵、室内の絵を描いた人は、対人関係で疲れていて家でゆっくりしたい願望が隠れているかもしれません。内向的な性質が見られるので、「行動力の色神グループ」の色を取り入れて、外に出るようにしてみるのもよいでしょう。

◉ 不思議な絵、ファンタジーな絵

不思議な絵やファンタジーな絵を描いた人は、想像や創作が好きで、アイデアで困難を乗り越えていく才能がある人だと思われます。特にふだん、そんな絵を描くわけではないのに、「未来」として空想の世界を描いた人は、創造力の才能が眠っているはずです。

そんな人は「創造の色神グループ」（P.28）の色をもつことでもっと才能が広がる可能性があります。もち物や服などの色として、加えてみてもよいかもしれません。すでに「創造の色神グループ」の色が好きな人も多いと思いますので、自分の好きな色を大事にして、さらに才能を伸ばしていってください。

描いた絵を分析②

風景・家の絵

外の場所の絵を描いた人は、未来に向けて「行動力」を必要としている可能性があります。車はそうした行動力の象徴の可能性が高いです。家の外観・内観の絵がある場合は家でゆっくりしたい願望があるかもしれません。

不思議な絵

創造力の才能が眠っている人かもしれません。アイデアで困難を乗り越えていけます。

◉ 柄や模様、規則正しい絵

柄や模様、規則正しい絵を描いた人はまじめでルールを守りたいと考える人だと思われます。

秩序や規則が大事なのではないでしょうか。

そんな人は「秩序と平和の色神グループ」（P.29）の色をもつことで、その性質がさらに強化されると思います。もち物や服などの色として、加えてみてもよいでしょう。自由度を加えるためにあえて、別のグループの色を手にしてもよいと思います。すでに「秩序と平和の色神グループ」の色が好きな色として入っている人は、さらにグループの色を加えたり、自分の好きな色を大事にしてください。

実際の絵を描くワークを通して、自分の色を見つめてみました。ここで紹介したものは一部だと思いますが、参考にしてみてください。

「色」で変わる未来と過去

◉ 変えるのは自分自身

本書の「カラーストーリー」で過去・現在・未来の自分について考えてみましたが、**このとき覚えておいてほしいのは、どんな未来を描くかは自分次第、過去や未来を変えるのは自分自身ということです。**

人は性格も「色」で変えられます。「黄色」や「橙」を意識的に取り入れれば、明るい性格になります。「ピンク」を受け入れていけば、優しい性格へと変化していきます。「ピンク」が苦手な人は、徹底的に嫌う傾向があるので、無理に付き合うというよりも「ピンク」のよさを認めるのも手だと思います。そうした柔軟な部分もまた、性格変化の手助けになります。

◉ カラーストーリーの過去の色も変わる

また、おもしろいことに、カラーストーリーを後日つくり直してみると、過去における自分を象徴する色が変わることがあります。これは記憶のなかにあるイメージが変化した結果です。

人は「過去は変えられない」と思っていますが、それは違います。**現在の心のもち方、考え方でも過去は大きく変わります。**たとえば、10年前に大きな失敗をして、その時期は「灰色」のイメージだったとします。しかし、その失敗があって成長し、今の自分があると考えると、月日がたつとその時代のイメージは「橙」に変わっているかもしれません。何かが動いた経験ができたよい過去の記憶に変わるのです。

「色」で変わる未来と過去

「未来」は「色」で変えられる

「未来」の楽しいイメージを色に変換して記憶することで、潜在意識が自分の行動・性格を色に合わせるように変えていきます。心理学でいう「自己成就予言」のような効果が見込めます。

「過去」は「色」で変えられる

「過去」の暗いイメージの記憶も、自分にとって意味あるものだったと前向きなイメージに変換することで、よい記憶にしてしまいましょう。そうすることで、コンプレックスから解放されたり、軽減されたりすることもあります。
起きた事実は変えられなくても、「過去は変えられる」のです。

人は未来も過去も変えられます。そのことは忘れないでください。

「楽しいこと」と「うれしいこと」を考える

◉ 自分にとって大事なものはなに？

では、ここからは少し違うアプローチで「生きる意味」と「自分の色」について考えてみましょう。

こうした話をすると、私は祖母がしてくれた話を思い出します。戦争と貧困の時代を経験してきた祖母は、食べるものもない時期は着物を売って、その日の食べものを買っていたといいます。祖母は「お金は道具。豊かな生活を維持するのにないよりあったほうがいいかもしれないけれど、豊かな心がなければ、お金なんかあっても意味がない」といいます。

ではその「豊かな心」とはなにか。人によって違うと思いますが、祖母にとっては「人」だったと思うのです。周りの人が豊かになれば、自分の心も豊かになる。そういって、家族が食べるものを最低限とったら、残りを近所に配っていたそうです。祖母にとっての生きる意味は、家族を含めて周りの「人の喜び」だったのかもしれないと思います。そんな祖母は幸せだったでしょう。

今の世の中は物質的に豊かになりました。でも、ものの豊かさは、私たちの心の豊かさを奪っていったのかもしれないと思います。

◉ 「楽しい」と「うれしい」を考える

「生きる意味」「目的」をそのまま深く考えると、よくわからなくなるようでしたら、自分にとって何が「楽しいか」「うれしいか」を考えてみたらどうでしょう。**「楽しいか」「うれしいか」は「好**

「楽しい」「うれしい」と感じることを探す

「生きる意味」を考えてもよくわからないならば、

自分が「楽しい」「うれしい」と感じることを探してみてはどうでしょうか。

自分の特技、個性を活かし「楽しい」「うれしい」を見つけていこうとすると、その先にうっすらと「生きる意味」も見えてくるかもしれません。

きなこと」にも置き換えられると思います。 そして、自分の特性、個性を活かして、楽しいことやうれしいことに向かっていくと、そこに「生きる意味」が見えてくるかもしれませんし、そもそもそのときには改めて「生きる意味」など考える必要がなくなっているかもしれません。

特性、個性は性格ごとにそれぞれ異なります。好きな色から知る性格傾向には、自分も気づかない、自分の個性が見えることもあります。「生きる意味」のヒントは、好きな色に隠されているのかもしれません。

好きな色から読み解ける性格や色から、自分の「楽しいこと」「うれしいこと」を探してみてはどうでしょうか。 次ページから代表的な色ごとに楽しく感じること、うれしく感じることの傾向を解説してみます。

赤が好きな人の

「楽しいこと」「うれしいこと」ヒント

才能key word

突破力

人間性

愛情

行動力

強みや向いているもの

- 「赤」は人にとってもっとも重要な色、「赤」を好む人も社会のなかで重要な存在
- 困難な問題を突破できる人、前に進むことを楽しいと感じられると強い
- 人とかかわりながら、前向きに人や世界を変えていける人

外向的性質はトップクラス、「赤」が好きな人はその行動力の高さが目立ちますが、本質的な特徴はそこではありません。**性格傾向のなかに眠る本質は「突破力」と「愛情」です。**

どんな困難でも人間性と努力で突破できる人、そうした能力をもっている人なのです。また、行動力があまり表面化していない人もいますが、愛情の深さは特筆するものがあります。あなたはまちがいなく優しい人、優しい性質を内包している人なのです。「赤」が好きな人の行動力はどこから来ているのでしょう。その力、自分のためだけでなく、人に使えるならば、もしかすると、それは生き甲斐になると思います。

濃いピンクが好きな人の「楽しいこと」「うれしいこと」ヒント

才能key word

- 行動力
- 頭脳明晰
- 好奇心
- 心の動きやすさ

強みや向いているもの

- 人の視線を意識するので、人に評価されることで自分を高められる
- 好奇心の高さからくる行動力は強い武器になる
- 自分の存在価値が上がってくることが楽しくなる。自分の成長を楽しんでみる

「濃いピンク」が好きな人は頭がよい人であり、それを人から認められることでもうれしい感情が湧き上がると思います。

濃い薄いにかぎらず「ピンク」が好きな人の弱点は、遠慮をしてしまうことです。認めてもらいたいのに強くいえず、自分を抑えてしまったり、意地を張ったりして自爆してしまう人が多くいます。わかりやすいウィークポイントを抱えています。

せっかくの行動力がそれで削がれてしまう人もいるので、その点を強化しましょう。その先に「うれしいこと」「楽しいこと」がもっと待っているはずです。

薄いピンクが好きな人の

「楽しいこと」「うれしいこと」ヒント

才能key word

人間関係

温厚さ

優しさ

繊細

強みや向いているもの

- 人に対しての思いやりや優しさは「薄いピンク」が好きな人の特徴であり、性格の基本的な部分
- 人間関係で傷つきながらも人に対しての思いやりを忘れない
- あなたがいることで、幸せを感じる人がたくさんいる。人間関係に苦手意識をもつのではなく、楽しんでみる

「薄いピンク」が好きな人は、繊細で温和な優しい人です。

優しい争いのない世界が好きで、かわいいものに囲まれて暮らすことで、幸福感をもつのではないかと思います。**「薄いピンク」が好きな人が大切なものは「優しさ」のはずです。**

また、人間関係を構築していくなかで、「薄いピンク」が好きな人は、「誰とでも仲よくなる」よりも、「特定の誰かと仲よくなりたい」と考える傾向にあるのではないでしょうか。

人間関係においては、「量」を求める人と「質」を求める人がいることがわかっています。「薄いピンク」が好きな人は「量」より「質」に喜びを感じる人が多いといえそうです。

橙が好きな人の「楽しいこと」「うれしいこと」ヒント

才能key word
人間性
人を大切に
行動力
好奇心

強みや向いているもの

- 人と仲よくなれる。人間関係構築がうまい
- 気持ちの切り替えが上手、合理的に考えて前に進めるのは現代では非常に強い武器になる
- 人に関わるような仕事をすることで、自分も周りも幸せにしていけるはず。人を助けて、人に助けられる人

「橙」が好きな人は元気で陽気、そして「仲間を大切にする」人といえます。行動力や陽気さがクローズアップされることが多いのですが、**その本質は「仲間と一緒に、楽しくやりたい」という思いであり、人がいてはじめて「橙」が好きな人のうれしいことや楽しいことが成立します。**ひとりではダメなのです。気の合う仲間と一緒にすることが大切なのです。

「橙」が好きな人の協調性はふつう、繊細傾向は低く見積もられていますが、実際には気配りができる人で、他人の顔色をとても気にする優しい性格傾向も眠っています。

「橙」が好きな人がいることで、周りの人たちもみんな救われています。

黄色が好きな人の

「楽しいこと」「うれしいこと」ヒント

才能key word

好奇心　上昇志向　知性・知的　行動力

強みや向いているもの

- 新しいものが好きで、好奇心旺盛、なんでもチャレンジできるところは強み
- 勉強熱心で上昇志向もある。意識を高く引き上げられる人
- きっと人を喜ばすことが好きなあなたは、身近な人たちにはなくてはならない存在。自信をもって人と接して

「黄色」が好きな人を突き動かすものは「刺激」ではないでしょうか。好奇心が強く、気持ちが外に向きやすい性格なので、外から受ける刺激に興味をもつはずです。

自らアイデアをつくって、それを進める知恵と行動力ももっています。自分の行動力に不安を感じたら、「赤」や「橙」の色の力を借りましょう。「黄色」が好きな人がもつ飽きっぽさは「橙」がカバーしてくれるはずです。

もしも自分の感覚が鈍っていると感じたならば、「明るい青」「青緑」「紫」系の感性を研ぎ澄ます色も取り入れてみましょう。あなたは何にも縛られない存在です。その笑顔で、周囲の輝きを増してください。

黄緑が好きな人の
「楽しいこと」「うれしいこと」ヒント

才能key word

個性

創造性

発想力

洞察力

強みや向いているもの

- 感受性の高さからくる豊かな発想力
- クリエイティブで個性的な着眼点をもっている人
- ものを観察して、分析することに長けている
- 世界を楽しく、明るく変えていける人。分析と創造性を楽しみながら広げていって

「黄緑」は個性の色であり、個性的な人に好まれます。特徴として「個性的なこと」を前面に出してお伝えしてしまいますが、「黄緑」が好きな人の本質は異なります。

「黄緑」が好きな人の本質は、溢れる生命力が今まさに芽吹くような「生命力」「発想力」をもっているところです。それが創造性や個性として出てきやすいということなのです。

表現を変えると、「黄緑」が好きな人は、何かを生み出せる人です。才能豊かで、感受性が強いため孤独化しやすく、家で小さく過ごす人もいるかもしれません。でも、きっと世界を楽しく変えられるのは、「黄緑」が好きなあなたしかいないのです。

緑が好きな人の

「楽しいこと」「うれしいこと」ヒント

強みや向いているもの

- 細かいことをいわれたり、多くのルールで行動が制限されるとよさが出てこなくなるので、もっと自由を大切に
- 人やモノ、さまざまなものと調和をとることができる人。楽しみながら調整を
- 問題が生じたときに平和的な解決に導ける才能を秘めている

「緑」が好きな人は平和主義で調和がとれる人であり、穏やかな性格のなかに、芯の強さもあります。

なんでも人に合わせてしまうようにも見えますが、**じつは「緑」が好きな人にとって、うれしいことや楽しいことは、「自由さ」にあります。**協調的でありながら、自分のやりたいことも妥協しない。本来そのバランス感覚がすばらしいのです。ほどほどに自分で動いて、できたら誰かの提案に乗って行動しようとするフレキシブルな一面、物事に固執しない柔軟さが原点にあります。

毎日の息苦しさや人付き合いの窮屈さを感じたら、自分の自由さを大切にするようにしてください。

青緑が好きな人の

「楽しいこと」「うれしいこと」ヒント

才能key word
感性豊か
謙虚さ
独創的
洗練

強みや向いているもの

- 豊かな感性を活かせる仕事や趣味があるとよさそう
- 独創的な世界観と価値観の広がりをもっている
- 謙虚で控えめな性格、だからよい人間関係が構築できると喜びも大きいはず。仲間をたくさんつくり、多くの協力を得ていくと大きな幸福感が生まれるはず

「青緑」が好きな人のなかには、独創的な感性をもっていて、それをうまく表現したり発散したりできずに、自分の殻に閉じこもってしまう人がいます。才能や強さを心の奥にしまっている人がいるのです。

「青緑」が好きな人にとって大事なことは、その豊かな感性を閉じ込めないで、「どう世界を広げていくか」だと思います。もちろん、できている人もいるのですが、控えめな性格が邪魔をするケースが目立ちます。

　ワクワクする気持ちを大事にして、どうしたら楽しいかを考え、自分の道を進んでいってほしいと思います。大丈夫、あなたならできます。あなただからできます。

明るい青が好きな人の

「楽しいこと」「うれしいこと」ヒント

才能key word

協調性

創造性

愛情

自己表現

強みや向いているもの

- 自己表現に優れているので、自分の気持ちを自分の言葉で伝えられる
- 人と向き合いながら、協調しながら、人間関係を広げていける
- 愛情の深さ、思いやり、人との関係のつくり方で喜びも楽しさも、自分の存在価値も見えてくるはず

「明るい青」が好きな人は、協調性を大切にしながら、自分の意見もいえる人です。人も自分も両方を大事にできる人で、創作でも才能を発揮します。

「明るい青」が好きな人の大事な感覚は「自己表現」ではないでしょうか。自分らしいものを上手につくれる人で、それが人間関係に向くと人も自分も大事にできますし、創作に向くと豊かな発想でものづくりも楽しめるのかもしれません。

計画性をもった人ですから、自分の未来も描くことは上手だと思います。進んだ坂の上には、澄んだ青空のような未来が待っています。

深い青 が好きな人の
「楽しいこと」「うれしいこと」ヒント

才能 key word
- まじめ
- 協調性
- 他者との関係
- 計画的

> **強みや向いているもの**
> - 計画的な性格で、衝動的になりにくい
> - まじめで誠実な人、悩んで苦しみながら前に進んでいける人
> - 人との関係に苦しみながらも、他者との関係性をうまくつくれる。良好な人間関係があってこそ、楽しいことが見つかる

「深い青」が好きな人のなかには、協調性が高く、物事を深く考える思考型の人が多くいます。考えなくてよいことまで考えて、不安になったり、悲しい気持ちになったりすることもあります。

どうせ考えてしまうならば、少しでも前向きな楽しいことを考えるよう心に留めてみてはいかがでしょうか。

心地よいからと、「深い青」や「紫」の色ばかりに囲まれていると抜け出せなくなっていきますから、少し色を明るく、彩りを多くするように意識してみてください。

きっと色彩の力があなたの心を自由にしてくれます。おすすめは「黄色」や「緑系の色」です。

紫が好きな人の

「楽しいこと」「うれしいこと」ヒント

強みや向いているもの

- 優れた感覚をもっている人。うまく創造性に出る人も。創作活動のなかで好きなこと楽しいことが見つかる人も多い
- 冷静さと情熱の二面性は強い武器になりえる
- 人から理解されなくて苦しむ人もいる。誰かに合わせる必要はなく、あなたはあなたのままで

「紫」が好きな人は、繊細で複雑な性格傾向をもっていて、人付き合いが苦手な人が多くいます。何しろ言動が他人から理解されにくいので、苦しむことも多いと思います。

自分が考える創造的な楽しいこと、自分が好きなアートや神秘的なもの、自分の感性は自分のものです。理解されなくてもよいではないですか、あなたはあなたなのです。

「紫」が好きな人の最大の魅力はあなたそのもの、「自分自身」です。自分が考えるワクワク、楽しいことを大事にして、自分の道を進みましょう。地球は「紫」が好きな人の周りを回っている、かもしれませんよ。

藤色が好きな人の

「楽しいこと」「うれしいこと」ヒント

才能key word

繊細

創造性

感性豊か

優しさ

強みや向いているもの

- 感性の豊かさ、感受性の高さは敏感に世界をとらえ、さまざまなものを理解できる優れた才能。そのため創作活動などで才能が開花しやすい
- 優しくて繊細な部分を自分に向けると苦しくなることも。他人に向けて人のためにその力を使えると、多くの人の心を救えることも

感性優位型で人付き合いが苦手、「紫」が好きな人をもっと繊細にしたような性格です。さまざまなことを気にしてクヨクヨしてしまう、いわゆる「気にしい」な性格です。

感覚が強いので、それを弱めることで苦しみは減るかもしれませんが、「藤色」が好きな人は、感受性も強く感性も豊かなのですから、もっと物づくりや表現する部分、「感度を広げる」方向で強みを活かしていくほうがよいのではないでしょうか。

そして、感情が内側にこもりにくい「暖色」や「中性色」をもち物や洋服などに取り入れていくとよいのではないかと思います。

水色が好きな人の「楽しいこと」「うれしいこと」ヒント

才能key word

- 感性豊か
- 分析的
- 創造性
- 優しさ

強みや向いているもの

- 論理的･分析的な創造力がある
- 人間関係を苦手とする人が多いが、それは優しくて繊細な性格の影響で、本当は人の心を救える存在でもある
- 自分の可能性を狭める考えや防衛心から抜け出せたとき、「水色」が好きな人の才能は外に向けて大きく開く

自由にイマジネーションを広げられる世界をもっている「水色」が好きな人は、優しくて繊細で思いやりもある人です。一方で、自分のいる世界と他人のいる世界の狭間で苦しんでいる人もいるかもしれません。自由度が足りないことにつらさを感じることも多く、自由にできる「時間」を特に大事にしてほしいです。

さらに、その**自由にできる時間を、悩みについて深く考えることに使うのではなく、未来を形づくっていくための建設的な時間や、創作などの時間にしてほしいと思います。**

「水色」が好きな人は原理を突き詰めて考え、そして新しいものを生み出していく能力が高いのですから。

白が好きな人の「楽しいこと」「うれしいこと」ヒント

才能key word
美意識
強い意志
努力家
引き立て上手

強みや向いているもの

- 完璧主義で妥協しない強さ
- 努力家でそれを他人に見せない
- 美に関するものと相性がよく、美に関係する場所で才能やワクワクを見つけられるかも
- 人のために自分の力を使えてこそ幸福感が増すことも

「白」が好きな人は、努力家で完璧主義な部分があります。妥協ができない部分が自分に向かうと、苦しいと思いますが、好きなことに向かえば、それは強い推進力になります。

「白」が好きな人にとって「強い意志」が推進力の原動力です。

どうしても他人に振り回されてしまう傾向がありますが、自分の大事なものごとに迷わずに進んでいけば、高い理想をもって努力している自分をもっと好きになると思います。

また、他人を引き立てることも得意ですから、壁をつくらずに人と仲よくする選択もあると思います。人を引き立てることも、素敵な能力のひとつです。

黒が好きな人の
「楽しいこと」「うれしいこと」ヒント

強みや向いているもの

- ◉ 人を動かせる発言力、言葉はもうひとりの自分
- ◉ 防衛力が高く、強い意志が貫ける
- ◉ 頭のよさと周りを見渡せる広い視野、視点をもつ
- ◉ 人を動かせる才能が秘められている。その才を伸ばしていくのが「黒」が好きな人の宿命・使命

「黒」が好きな人は、人を動かす資質があり、強い精神力があります。その強さは言葉にも乗って、強い「発言力」をもつようになります。言葉は人を動かし、世界を動かします。**そのため責任感とその言葉に見合う行動をしていけば、自然と自分のなすべきことが見えてくるでしょう。**

また、「黒」の強さに頼っているために「黒」を選んでいる場合は、いつまでも「黒」に頼ることなく、強い意志を磨き、「黒」を使いこなせるような人になっていただきたいと思います。「黒」が好きな人は孤立化してしまわないように、他人を認める心を育むための考えや環境を整えていきましょう。

赤紫が好きな人の「楽しいこと」「うれしいこと」ヒント

才能key word
好奇心
頭脳明晰
行動力
心の動きやすさ

強みや向いているもの

- 優れた直感力と実行できる行動力
- 承認欲求は悪いものではなく、むしろ人と共に生きていくために大事な能力･欲求
- 自己愛が強く見えるかもしれないが、じつはそうでもない人が多いので、素の自分をもっと好きになり、自分も他人も大事にするとよい

「赤紫」が好きな人は、誰かに認めてもらいたいと思っている気持ちが心の奥にあることが多く、人との関係は切っても切れないものです。**まずは「人との関係」を考えていく先に、楽しいことやうれしいことがあるはずです。**

また、「赤紫」が好きな人は直感的に鋭い感性をもっています。好き嫌いがはっきりしている人も多い傾向にありますが、友人やパートナーなどと今まで自分が出会ってこなかったさまざまなものに触れることで、大きく成長できる資質があります。

たくさんの文学、絵画、音楽など芸術的なものに触れましょう。

紺が好きな人の

「楽しいこと」「うれしいこと」ヒント

才能key word

判断力

冷静

安定

知識欲

強みや向いているもの

- 穏やかな心の持ち主で、自分にも人に対しても誠実な人、現代ではその誠実さは強みになる
- 冷静に考えれば、よりよい結果に導ける判断力がある
- 優れた能力の資質がある人、その力を磨くと多くの人のために役立つはず

危機管理能力に長け、まじめで誠実な「紺」が好きな人は、情緒が安定している傾向があり、感情的にものを判断しにくい性格と思われます。

まじめな性格のために、刺激が足りずに日々にもの足らなさを感じている人もいます。冒険ができない性格かもしれませんが、「安定的な性格」なので、多少の冒険をして仮に失敗したとしても、心を守ることができます。

「黄色」「橙」といった小物や服を取り入れて、外の世界に出ていくきっかけとするのもよいと思います。

人を指導する仕事も向いているので、人を育てることがやりがいになる人もいるでしょう。

茶色が好きな人の

「楽しいこと」「うれしいこと」ヒント

強みや向いているもの

- 困っている人を見逃せない優しさ
- 強い感情を人にぶつけない精神的安定がある。癒し的な存在
- 責任感が強く、頼れる存在。大事な人の精神的な支えになって存在感を示せる。人を助けることが自身の喜びにもつながる

「茶色」が好きな人は穏やかで、責任感が強く、途中で仕事を投げ出したりしない安定的な性格の人です。人間関係は苦手な意識をもつ人が多いと思いますが、じつは人との関係のなかで心が動くことが多い傾向もあります。「人を助け、人に助けられる人」です。

他者に優しくすることで、じつは自分も救われているのかもしれません。**人に頼られる傾向があり、自然と人が集まってくる人ですから、人との関係をなしにはできません。**

些細なことでは怒らずに受け入れる寛大な心は、これからの時代、求められる性格のひとつといえます。

グレイが好きな人の

「楽しいこと」「うれしいこと」ヒント

強みや向いているもの

- ◉ 良識ある態度は、周囲の人の手本となる
- ◉ 品格のある人。より品格のある生活をすることで心が整っていくはず
- ◉ 他人の後方支援ができる人。人を助けることで、自らも助けられる感覚をもつ人も少なくないはず

「グレイ」が好きな人は、人間関係は得意ではないけれど、誰かの役に立ちたいと考えている人が多くいます。表舞台に出ることを好まず、後方で人助けをしたいと感じている人もいるかもしれません。

「グレイ」が好きな人は「平穏な日々」を求めていることが多いといえます。他の色を加えて、平穏さに小さな彩りを加えてもよいでしょう。

物事を深く見通せて、優れた判断力がある人なので、気持ちを外に向けることができれば、前向きに進むことができると思います。「濃いピンク」「橙」などの暖色系の色を小物や服に取り入れてみてはどうでしょう。

ベージュが好きな人の「楽しいこと」「うれしいこと」ヒント

強みや向いているもの

- 繊細で温厚でありながら自己主張もできる、バランスのとれた人
- どんな仕事でも対応できる強みがある
- 優しい性格で、人に対しての思いやりもある。人間関係のなかの思いやり、親切を通して喜びを感じることも多いはず

優しく温厚な性格で、争いを好まず怒ることは少ない性格です。しかし、人の意見に流されず、きちんと自己主張ができる面をもった人でもあります。

「ベージュ」が好きな人は、人によって傷つけられることも多いのですが、人を癒すこともできます。**人の影響を大きく受けるので、「人間関係」のなかで、自分のやりがいが見つかるのではないかと思います。**

そのため、自分にとってよい環境で、よい人たちと付き合うことが大切です。環境が整っている場所にいれば、自分の色の花をもっと綺麗に咲かせることができるでしょう。

ワインレッドが好きな人の

「楽しいこと」「うれしいこと」ヒント

強みや向いているもの

- 品行方正な立ち振る舞い、上品な雰囲気をまとう人。品のあるなかでおもしろさや楽しさを追求できる
- 気配りのある対応ができる人。会った人の心に残る振る舞いが自分自身の支えにもなりそう

「ワインレッド」が好きな人は、気の利いた気配りができる、大人の品をもっている人です。まじめな部分がある一方で、おもしろさや楽しさを大事にしています。**求めているのは、品のある「遊び心」。それは心のなかにあるワクワク感や楽しさの種ではないかと思います。**自分の気持ちに素直に、さらに自分の世界を広げていくことができるはずです。

「ワインレッド」が好きな人は、何かを手に入れることを目的にしているというよりは、どう手に入れるか、その過程も大切なのだと思います。

人の評価に影響を受けることもありますが、じつは何より自分が自分にくだす評価が大切なのです。

ミントグリーンが好きな人の「楽しいこと」「うれしいこと」ヒント

強みや向いているもの

- 自由な環境のなかで力が発揮できる人。自分のペースでリラックスしたり、行動できたりすることが大切
- 優しい性格で、人付き合いの苦しさを知っているので、人に対して優しく向き合うことができる
- 人との関係のなかに、喜びを見つけられるはず

自由な行動と素直な発想、「ミントグリーン」が好きな人は、まるで子どものような一面ももっているので、社会人として大人と付き合っていく場合は人間関係の苦しみを抱えることもあるのではないでしょうか。

「ミントグリーン」が好きな人は、窮屈な環境が苦手、がまんすることも得意ではありません。ある程度の「自由さ」が大事で、これを奪ってしまうと力が発揮できなくなります。

また、人間関係で繊細な部分が出るとつらくなるので、自分の好きなことにまず主眼を置き、日々をすごしていくのがよいと思われます。

自分も大事、人も大事。そんなバランスがとれる人なので大丈夫です。

金が好きな人の

「楽しいこと」「うれしいこと」ヒント

才能key word

強みや向いているもの

- 大きな夢を実現していくエネルギーは、誰もがうらやむもの
- 自分の「楽しい」「うれしい」と感じることについて、すでに完成していたり、ゴールに近いところにいる人もいるかも
- 次の世代の育成や手助けをしていくことが喜びにつながる人も多いと思われる

「金」が好きな人は、理想が高く大きな夢をもち、それを実現していく行動力、エネルギーがあります。お金が好きな人も多いので、自分を支えるものは物質的なものだと誤解をしている人もいるのですが、「金」が好きな人を支えるのは、お金や名誉や権力ではありません。

　多くの人は眩しいほどの「輝ける存在」になって、永遠に濁らないことを求めています。「金」にひかれる理由として、その美しさや永遠に続く輝きを挙げる人が多くいます。

　そのため、**じつは自分を律する言動、人に誇れる言動が大切なのです。**物質的なものにとらわれすぎては、「金」が好きな人の本質を見誤ります。

これらのヒントを参考に、
楽しいことやうれしいことが
どんなものかを考えてみて！

自分らしい色の磨き方①

人生とは人のなかで生きること

PART4では色を通して過去・現在・未来を考えたり、好きな色から楽しいことやうれしいことのヒントに触れてもらいました。

ではもうひとつ、心理学と色彩心理学の知見を借りて、自分がより心地よく生きていくための意味や目的を考えてみたいと思います。

◉ なにを人生の成功とするか

人生とは「人がこの世のなかで生きていくこと」とされています。しかし、この人生を競争のようにとらえ、お金や地位、権力、影響力などを得た人が「成功者」「勝ち組」、そうでない人は「敗者」「負け組」という価値観があります。

しかし、なにを「成功」と感じるかは人それぞれ。**すべての人が世間でいわれている「成功」を目指す必要はありません。**

◉ 日々のつらさの多くは人間関係に

ポーポー・ポロダクションは心理の研究を行なっているので、精神的に苦しいという話が集まってきます。そのなかでも「人間関係」に関するものは多く、**総じて人間関係で苦しんでいる人は不幸感が強く、人間関係で苦しむことのない人は、年収などに関係なく幸福感があるといえます。**

お金を得ようとして結婚や就職をして、やりがいや楽しさから遠ざかり、苦しい思いをしているという話も多く聞きます。

また、ポーポーは企業コンサルタントとして企業の内部に入ることもありますが、大手企業ほ

幸福と人間関係

人間の「幸福」と「健康」に作用していたものは、地位やお金よりも 圧倒的に「よい人間関係」でした（ハーバード大学／成人発達研究の調査）。 人生においてよい人間関係を構築することがとても大切なのです。

ど人間関係にさまざまな問題をかかえ、働く人がストレスにさらされている印象があります。

人生における価値観はさまざまだと思いますが、多くの人にとって、人間関係が幸福度の鍵を握っているといっても過言ではありません。

◉ 幸福と健康につながる人間関係

アメリカのハーバード大学で75年をかけて、約700人の人生と心理的な健康状態を調べる調査がありました。

それによると、あるひとつの要因がずば抜けて人間の幸福と健康に作用していたことがわかりました。それが「よい人間関係」でした。

人生に必要なものは高学歴でも高収入でもないのです。**人生とは「人がこの世のなかで生きていくこと」というより「人のなかで生きていくこと」ではないでしょうか。**

自分の武器の見つけ方❶

◉ 自尊感情と自己肯定感を高める

あなたは「これは誰にも負けない」といえるものがあるでしょうか。

もし人に誇れる武器のようなものがないと感じるなら、早い段階で身につけるほうがよいでしょう。努力して手に入れた武器は、自分の自信となって蓄積されます。そして自信は、さらにさまざまなものに挑戦する糧となるのです。

自分は価値のある存在だと認識する「自尊感情」や、努力に対して正当に自分の評価を上げられる「自己肯定感」が高まり、人からなにをいわれようとあまり気にならなくなってくるのです。

他人に負けないものがひとつあるだけで、胸を張って生きられるようになります。

◉ 武器をリストアップしてみる

自分の武器と思われる項目を「私の武器は○○」と箇条書きで書き出してみましょう。

自分のことはなかなか客観視しにくいので、もしも今「武器がない」と思っていたとしても、さまざまな武器を見逃している可能性があります。

最初の数個ぐらいは簡単に見つかるかもしれません。そこからよく考え、考えても出なくなってきたら「自分の特技（強み）ってなんだと思う？」と友人や家族に聞いてみることも効果があります。

リスト化した武器を眺めながら、その特技を使って何をしたいのか考えてみてください。

武器をつくることや自慢することが目的では

ありません。**自分の武器は自分がしたいことを実現するための「手段」なのです。**武器を通して、自分が何をやりたいかは、最低限確認しておきたいところです。

　このPARTの前半を確認し「楽しいこと」「うれしいこと」と結びつけてもよいでしょう。

◉ 武器の種類を確認する

武器にも種類があります。

・やりたいことに直結する武器
・やりたいことを補助的に支援する武器
・コンディションを整える武器　など

「直接的」「間接的」なものを整理するとわかりやすいかもしれません。

　やりたいことを実現するために、武器の評価をします。「足りないのか」それとも「弱いのか」です。足りないものはつくらないといけませんし、弱いものは強化しましょう。

　ポーポーが実践した武器のつくり方として、ひとつこんな方法があります。それは徹底的に本を読むことです。

　自分で色彩心理を学ぼうと思ったときに、世のなかにある色彩心理の本（論文）をほぼ読みました。すると、知りたいのにまだ本にまとめられていない内容にも気づけます。同じジャンルの本を10冊以上読めば自信になり、20冊読めば確実に何か他人と違う知見が手に入っているはずです。

　40冊読めば何かを語れるようになります。このかたちでその分野で仕事をしている人は何人もいます。

私の素敵な武器

私の武器は○○
私の武器は○○
私の武器は○○
私の武器は○○
私の武器は○○

自分の武器の見つけ方②

◉長所を伸ばす方法を考える

武器は「知識」だけとは限りません。対応能力のような複合能力であることもあります。

最近の人の認知傾向や評価傾向から、不足しているものを得た人よりも、突き抜けた才能がある人を高評価する傾向があります。**なんでもできる人ではなく、何かが特にできる人は評価されやすいのです。そのためにも武器・長所を伸ばす方法は有効です。**

◉「色」から武器を磨く方法

たとえば、「薄いピンク」が好きな人が、無理に「赤」の性質である行動力や発言力を得ることは難しい傾向にあります。もちろん「赤」をもち物などに取り入れて赤のもつ性質を受け取る方法もありますが、今、自分の好きな色のなかから武器を探して、磨くことも考えてみましょう。

具体的には複数の能力を「組み合わせる」「特定の部分を強調する」ことがひとつの例です。

たとえば「薄いピンク」が好きな人の優しくて繊細な性格に、人を観察したり分析できる力が加わると、人間関係でも優位に働きます。観察力や分析力が高まる「黄緑」や「水色」を意識して取り入れるだけでも、小さな変化が生まれます。

武器を見つける際には「誰ももっていないから」は強い魅力になりますが、他人と比較したところから生み出された武器は脆弱です。自分が突き詰めたい気持ちが乗りにくくなりますので、注意しましょう。

色の力で自分の武器を磨く

長所に目を向ける

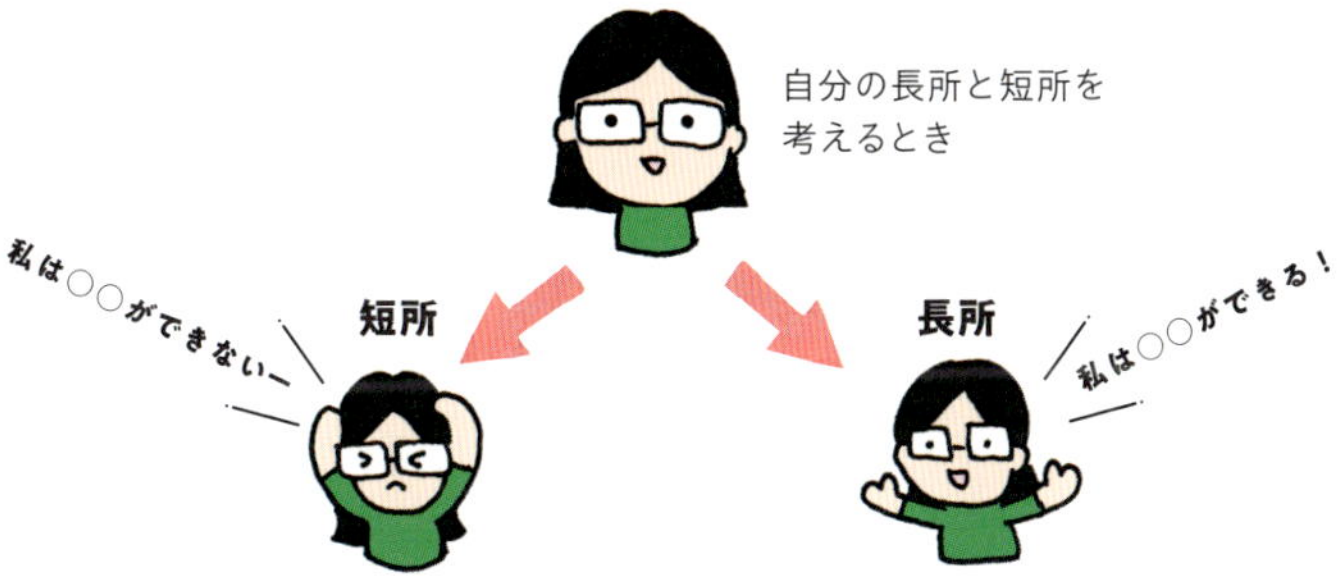

不安から短所に目がいきがちです。人に迷惑のかかる短所は直すほうがよいですが、そうでない短所にとらわれるより、自分の長所を伸ばしていくほうが断然よいでしょう。
自分のよいところは自分では正しく理解していないことがあります。本書の色の好みに見られる性格傾向の深掘りには、自分で気づかない長所が眠っている可能性があります。

長所を伸ばす方法

「緑」×「明るい青」で
自由さに協調性と前向きさを
組み合わせ

「薄いピンク」×「黄緑」で
優しさに観察力を
組み合わせ

「深い青」×「黄色」で
まじめさに好奇心と上昇志向を
組み合わせ

「ワインレッド」×「黒」で
オシャレさを強調

自分らしい色の磨き方④

比較ばかりしない。ちょっとにする

◉ 人と比べると幸福感は下がる

なんでも他人と比較する人がいます。比較ばかりしていると、幸福感が下がります。そして自分で努力して成長を得ようとしないで、人を非難するようになってしまいます。

比較し、誰かを非難したくなる気持ちの根底にあるのは嫉妬心です。この文章を読んでドキッとした人はまだまだ大丈夫です。強い怒りが生まれた人は根底に強い嫉妬心があります。嫉妬心が強い人ほど、嫉妬心を指摘されると怒りに変わります。

◉「比較しない」が無理なら……

ただ「比較するな」は無理な話です。人間の判断基準は、何かと何かを比較することでつくられます。

また、人は比較することでさまざまなものが成長します。そのため、幼い頃から学業やスポーツを競わせる大人は多くいます。たしかに勉強や運動はできるようになるかもしれませんし、得た能力が自分の自信となって、伸び伸びと成長する人もいます。

しかし、多くの人は自分の意志に関係なく、与えられた結果をよいものにしようと自分の感情を閉じこめてしまいます。個性の色が消えてしまいます。**比較はちょっとにして、自分や周りの人の幸せになる方法を考えてみましょう。**

自分の個性、自分の色は誰かと比較して輝くものではないからです。

色の力を借りて、比較から抜け出す

比較ばかりしているとイライラが絶えず、
刹那的な幸福感を追い求めてしまいます。

自分の好きな色を意識して、自分の特性を把握できていれば、

心を保つことができ、他人と比較する必要がなくなります。

◉ 色の力も借りてコントロールする

「赤紫」「濃いピンク」など赤紫系の色を好む人、「橙」や「白」を好む人の一部は、対抗心や嫉妬心が強い傾向があります。

気になる人は彩度を意識的に下げたり、明度を高めたりするのもよいかもしれません。また、「茶色」「グレイ」「ベージュ」などの色をもつようにすると対抗心を下げてくれると思われます。

今後ますます、SNSをはじめ容易に他人と比較する社会になっていくでしょう。情報過多のなかで自分をどう整えていくかが問われます。

自分の色がしっかりとあり、自分が輝いていれば、他人などあまり関係ありませんし、むしろ、輝きを失いつつある人を助けてあげられる存在になれるはずです。

寝る前に「今日の色」と「今日の行動」を振り返る

◉色への感受性を磨く

寝る前に「今日の色」と「今日の行動」を振り返る習慣をつけましょう。

今日、自分が選んだ服の色、どんな色に触れて心が動いたかを振り返ることで、より色への感受性が敏感になります。好きな色だけでなく、たくさんの色に触れて心を動かすことは大切です。自分が多くの色のなかで生活しているイメージをもちましょう。

◉よい自己イメージを増やす

そして、1日を振り返り、自分が得た知識や成長を実感し、うまくいかないことがあったなら反省と改善法を考えましょう。

たとえば、「○○について、うまく説明ができた」など今までできなかったものが今日できたなら、自分を評価してあげましょう。うまく説明ができた、というよいイメージを再確認することで、よい自己イメージが累積していきます。

よい自己イメージが増えると、自分のことが好きになり、何事にも積極的になり、自信に満ちて結果を出す人間になっていきます。

またその日うまくいかないことがあったなら、自分を責めるのではなく、今度はこうしようと改善点を考えるのです。

よいイメージは反復し、悪いイメージは建設的な改善を考えます。大事なのは改善しようと考えることで、自分の行動を意識していると、変われるチャンスは巡ってきます。

寝る前の振り返りが成長につながる

毎日の習慣

寝る前に「今日の色」と「今日の行動」を振り返る習慣をつけましょう。

触れた色を思い出してみましょう。

自分が得た知識や行動の振り返りを建設的にしましょう。

- **脳への刺激**
- **感受性の向上**
- **色の効果を取り入れられる**

- **よい自己イメージの蓄積**
- **自己の成長**
- **人のよいところを学ぶ**

寝る前にこれをすることで１年後には自分でも驚くほど成長をしています。

COLUMN

ダウンロードできる素材

本書で紹介した「カラーストーリー」「カラーカード」「カラーサークル」を用意しました。それぞれのQRコードを読み取り、PDFデータをご活用ください。

カラーストーリー

P.240

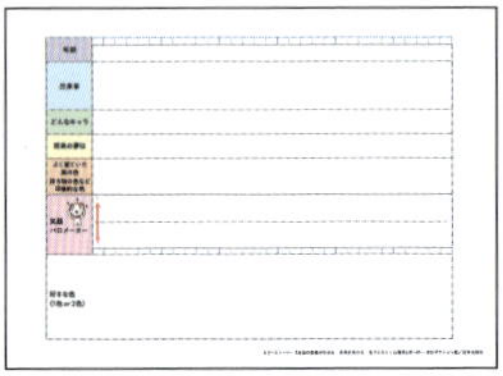

https://sp.nihonbungeisha.co.jp/color_psychology/colorstory_240.pdf

カラーカード

P.292

https://sp.nihonbungeisha.co.jp/color_psychology/colorcard_292.pdf

カラーサークル

P.294

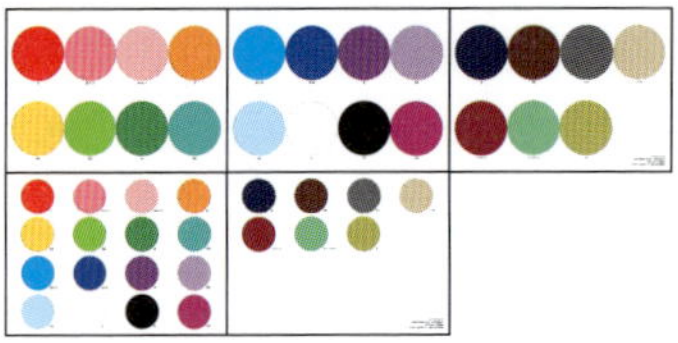

https://sp.nihonbungeisha.co.jp/color_psychology/colorcircle_294.pdf

QR コードを読み取ると、ダウンロードページにアクセスできます。

■ 基本的にはA4 サイズの用紙に印刷されることを前提としてデザインしています。プリンターや出力サービスでは、機種によって原寸で出力されないことがあります。

■データが複数ページあるものは、必要なページのみ選んで印刷してください。

■「カード」や「サークル」は点線に沿ってはさみで丁寧に切り取ってご使用ください。また「カラーカード」の色名は必要ない人は、色名部分を切ってお使いください。

■色はプリンターや出力サービスの影響もありますので、あまり厳密に考えないでも大丈夫です。参考にしてください。

■第三者へのデータおよび印刷物の譲渡を禁止します。

■再配布や販売、営利目的の利用はお断りします。

※QR コードを読み取っての閲覧は、予告なく終了する可能性がございます。ご了承ください。
※QR コードは株式会社デンソーウェーブの登録商標です。

PART 5

自己診断と他の性格分析

好きな色から性格傾向を知る場合の自己診断のやり方について解説していきます。カラーカードとカラーサークルという診断アイテムを使い、精度を上げます。さらに「その他の分析法」についても解説したいと思います。

自己診断①

カラーカードの使い方

◉カラーカードを役立てる

好きな色は、ふだんから意識していないと即座に思い出すことは意外と難解です。PART5では本当に好きな色を選び、性格診断の精度がさらに上がる、「カラーカードを使う方法」を紹介します。本書に掲載している診断色23色を使ったカードです。

❶カードを用意する

カラーカードはP.290のQRコードからダウンロードできます。

写真用など厚めの印画紙、上質紙などに印刷するのがおすすめです。印刷したものは切ってお使いください。

❷カードを並べる

カードを机の上に並べます。本書の紹介順の通り「赤」から順番に並べてもよいですし、自由にシャッフルしてもかまいません。ただし、左から「赤」「橙」「黄色」と並べると「赤」の誘目性と左視野を優先する目（脳）の性質から、「赤」が選ばれやすくなりますので注意してください。

❸カードを選ぶ

その後、並べたカードから自分の一番好きな色を選んでみてください。PART4で説明した、好きな色というわけではないけど、なぜか気になる色もこのやり方で見つけることができます。

また、家族や友人の好きな色を聞くときも、カードがあると見つかりやすくなると思います。

カラーカードで自己診断する

カードは290ページで
ダウンロードできるよ

カードは23色あります（上記は色数を一部省略しています）。プリントアウトしてから、切り取ってお使いください。

家族や友人に好きな色を聞くときもカードがあると使いやすいでしょう。

カードをテーブルに並べると、好きな色を選ぶのに役立ちます。書籍で見るよりも大きいので、色がわかりやすく、選びやすくなると思います。

カラーカードを使うメリット

- **具体的な色があることで、色を正確に捉えやすい**
- **特に２番目、３番目に好きな色を選びやすい**
- **選んだ色を記憶しやすい**
- **家族、友人など、自分以外の人にも聞きやすい**

カードがあると
便利ですよ

自己診断②

カラーサークルの使い方

◉カラーサークルを役立てる

さらに多様な機能をもたせた「カラーサークル」を使うと得られる情報が増えます。

カラーサークルも、カラーカードと同じように本書で使用する診断色23色を使っています。

◉カラーサークルの使い方

❶サークルを用意する

カラーサークルはP.290のQRコードからダウンロードできます。

写真用など厚めの印画紙、上質紙に印刷するのがおすすめです。印刷したものは切ってお使いください。

❷サークル大から選ぶ

カラーサークルは23色、大小の円形のカードで計46枚あります。切り取ったカードを机に並べて、1番好きな色を大のなかから選びます。

❸サークル小から選ぶ

次に、2番目に好きな色を小のなかから選ぶことで、1番好きな色と2番目に好きな色を同時に見て確認できます。

大小の差があるので、1番好きな色と、2番目に好きな色に差がある場合は、大小で選んでください。1番目と2番目の色が同じぐらい好きな色ならば、大から2つ選ぶとよいでしょう。

カラーサークルを使うことで、複数の色の好みと、その順位(好きな加減)が視覚的にわかります。

カラーサークルで自己診断する

サークルは大が23色、小が23色あります（上記は色数を一部省略しています）。

1番好きな色を
大から選びます。

2番目に好きな色を
小から選びます。

サークルは290ページで
ダウンロードできるよ

好きな色がその順位を含めて視覚的に見えてきます。

カラーサークルを使うメリット

- **具体的な色があることで、色を正確に捉えやすい**
- **1番目に好きな色と、2番目、3番目に好きな色の比較がよくわかる**
- **カラーサークルをどう置くかで性格傾向もわかってしまう（次ページ）**

自己診断③

カラーサークル大の置き方

● カラーサークル大を置く

カラーサークルは置き方からも、性格傾向が少し見えてきます。

A4サイズ程度の白い紙（画用紙やコピー用紙など）を用意して横に置き、ここに選んだ大小のサークルを置いてみてください。

まず1番目に選んだカラーサークル大を紙の上に置いてみましょう。

大を中央に置く人

中央に置く人はルールを守りたい人、人の目を気にする人です。何度も置きなおす人は不安症や対人恐怖症の傾向が見えるかもしれません。

大を上側に置く人

上側に置こうとする人は、外向的で上昇志向があるなどの行動的な性格傾向が見えます。

大を下側に置く人

紙の中央部分からやや下側に置こうとする人は内向的な性格傾向や協調性が見られます。遠慮深い人は下側のエリアに置く傾向が出てきます。

小を置く位置を考える人

次に置くカラーサークル小のことを考えて、最初に「大を設置しよう」としたところよりも左右上下にわずかにずらして置く人は、最初から次に置くものを想定しており、人間関係でも配慮や気配りができる人でしょう。

カラーサークル大の置き方で診断

A4 程度の白い紙を横に置いて、その上にサークルを置いてみましょう。

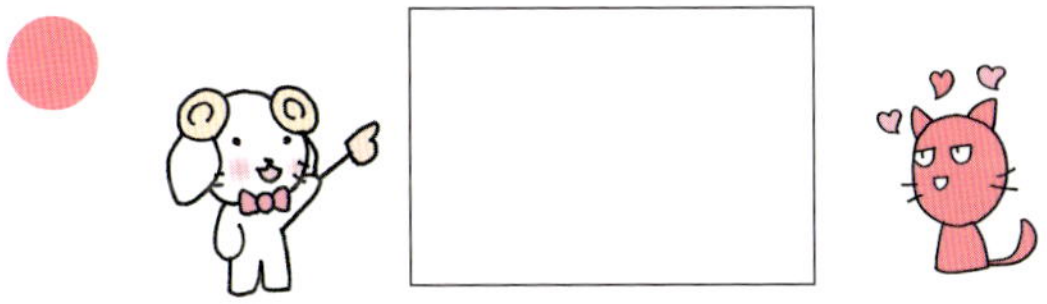

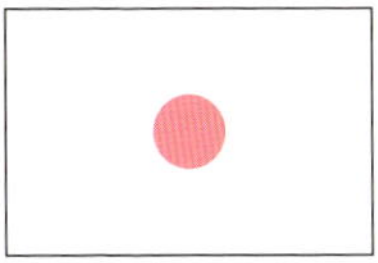

ほぼ中央

ルールを守りたく、適度に人の視線が気になるバランス感覚のある人。

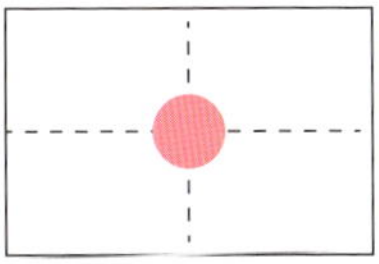

正確に中央

几帳面で細かく、ルールに縛られる人。

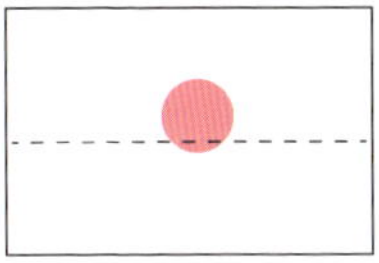

やや上

外向的。上昇志向。自由な性格傾向。

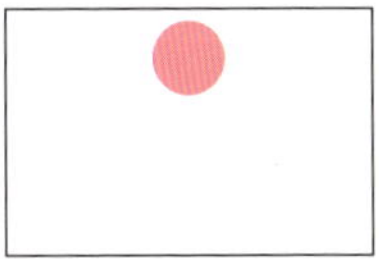

かなり上

集団行動が苦手、個性的。

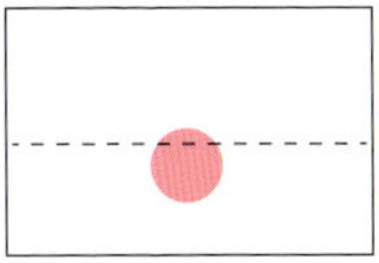

やや下

内向的、協調的。何かに縛られる傾向。

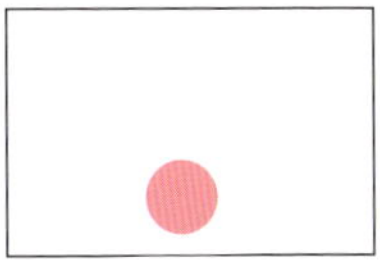

かなり下

抑圧的、不安な気持ちが強い。

左右の置き方で内向外向的性質がわかるという研究・説もあるのですが、ポーポーの調査では、利き腕やそのときの気分などの不確定要素が強く出てくることがわかりました。

自己診断④

カラーサークル小の置き方

◉ カラーサークル小を置く

次に、2番目に選んだカラーサークル小を紙の上に置いてみましょう。2番目に好きな色が1番目の色と同程度好きな場合は大を用いてもよいですし、2番目に好きな色がピンとこない人は、無理に選ぶ必要はありません。

大より上に置く人

大の上側に空間をあけて置いた人は、おおらかな性格の人でしょう。上側に接して小を置いた人は安定志向が見られます。

大より下に置く人

大の下側に小さな空間をあけて小を置いた人は、まじめな性格傾向が見られます。ビタッと接して置く人は、まじめな性格に加えて、不安や親和欲求があるのかもしれません。親和欲求とは誰かと一緒にいたい、いてほしいと思う欲求です。

また、2番目に好きな色を下に置く行為は、より1番目に好きな色を強調している行為とも考えられます。

大の横に置く人

小を大の横に置く人は協調性が見られます。小と大の距離の差からも嗜好差がみられます。距離が近いほど嗜好差がないと考えられますし、距離が遠いほど嗜好差が大きいと考えられます。

カラーサークル大小の配置で診断

A4 程度の白い紙を横に置いて、その上にサークルを置いてみましょう。前項目で大を置いたあと、小を置きます。

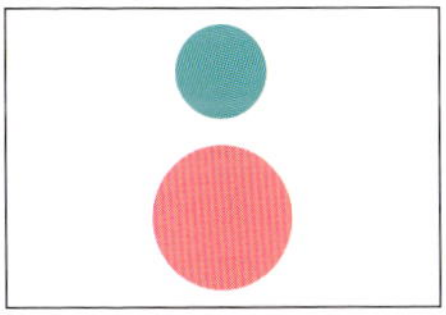

大の上（空間をあけて）
おおらかで自由な性格

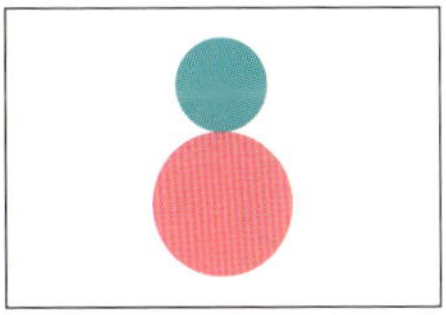

大の上（接して）
安定志向、親和欲求

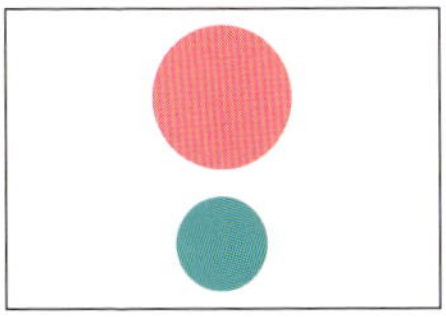

大の下（空間をあけて）
まじめ、ポジティブ志向

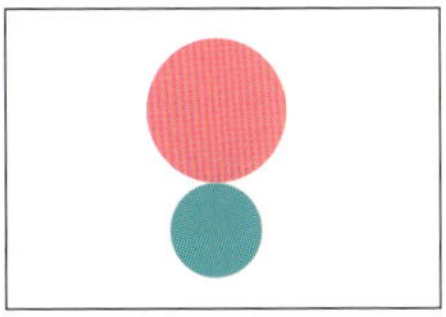

大の下（接して）
まじめ、誠実、親和欲求

大に重ねる
独創的、個性的

大の横（右）
協調性、まじめ

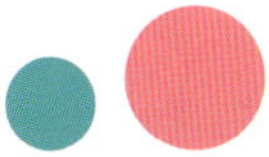

大の横（左）
抑圧、不満、行動欲求

多くの人は大の横（右）に置く傾向があります。接する部分が増えると人を求める親和欲求の高さが見えてきます。接点が大きくなると独創的性質が高まります。カラーサークル小を置く場所によって性格を推測する方法は、必ずしも性格を正しく投影するわけではありません。そのときの気分的なものも影響するので、参考程度に考えてみてください。

「服の色」からわかる性格傾向

◉服の色から気分と性格をよむ

日頃、みなさんが着ている服の色からも性格を読み解くヒントが得られます。まれに「服の色」＝「性格」という診断を見ることもありますが、服には性格に加えて、そのときの「気分」や人からどう見られたいかという「戦略」が加わり、さらに雨の日、晴れの日、暑い日、寒い日などで機能的な要素も加わる、じつに複雑なものです。ここではわかりやすいので、代表的なトップスの色について解説をします。

トップスの色は気分や感情が投影されやすいものです。日頃、なんとなく着ている服の色にこめられた「気分」と「性格」について、一部の色を取り上げながら説明します。

・かわいいが好き
・平和でありたい
・繊細でありたい

・注目してほしい
・刺激がほしい
・愛情がほしい

・楽しいことをしたい
・新しいことに挑戦したい
・自分を変えたい

・行動したい
・気軽に人と接したい
・何かやりたい

服の色でわかる気分と性格

・主張も協調もしたい
・問題を解決したい
・表現したい、解放されたい

・調和をとりたい
・自由でいたい
・平和でありたい

・個性的でありたい
・創作活動をしたい
・才能を見てほしい

・人から離れたい
・繊細な気持ち
・感覚を磨きたい

・二面性、複雑な感情
・人と違うことをしたい
・神秘的なものにひかれる

・自分の心を守りたい
・人とうまくやりたい
・まじめな性格傾向

・癒しが必要
・穏やかでありたい
・小さく自己主張はしたい

・自分の心を守りたい
・手堅くよく見られたい
・聡明でありたい

・無難に過ごしたい
・美しさが気になる
・完璧でありたい

たとえば「深い青」「橙」の服を着た人は
最初に声をかけやすそうとか、
「赤紫」の服を着た人と話すときは
ほめるようにしようなどと
戦略が立てられるよ

・品行方正でありたい
・刺激がほしい
・エレガンスでありたい

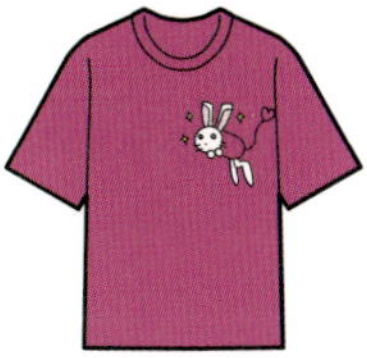

・感覚を研ぎすませたい
・よい評価がほしい
・承認欲求

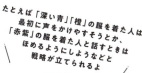

SNSからわかる性格傾向❶

◉ SNSのここに注目

色の話からは少し離れますが、性格傾向を見抜くポイントとしてSNSを挙げたいと思います。**SNSは性格傾向を知るヒントが詰まっているのです。**直接会えば服の色やもち物などから、その人の性格傾向を推測することができますが、オンラインのみの付き合いではそれらが見られないことが多く、SNSが追加のヒントをくれます。

◉ 1日に投稿する数に注目

まずひとつ目のチェックポイントは投稿の頻度です。投稿の頻度に性格は出ます。1日1回程度の人もいれば1日に数十回と投稿する人もいます。そのなかでひとりごとのような状況、感情的な短い文章の頻度が多い人は「かまってほしい」という気持ちが心の奥にありそうです。そして「理解してほしい」という気持ちがあるからこそ、頻度が多くなる傾向があります。

夜になると急に10、20と増える人は誰かからのリアクションを待っているさみしがり屋の可能性があります。

◉「いいね」のつけかたに注目

多くのSNSには相手の投稿に「いいね」など反応できる機能があります。人の投稿に「いいね」をよくつける人にはいくつかのパターンがあります。一般的には「いいね」が多い人は「みんなで楽しくやりたい」と考えていて、人との交流を求めているタイプです。基本的に「いいね」

SNSの投稿のクセから性格傾向をよむ①

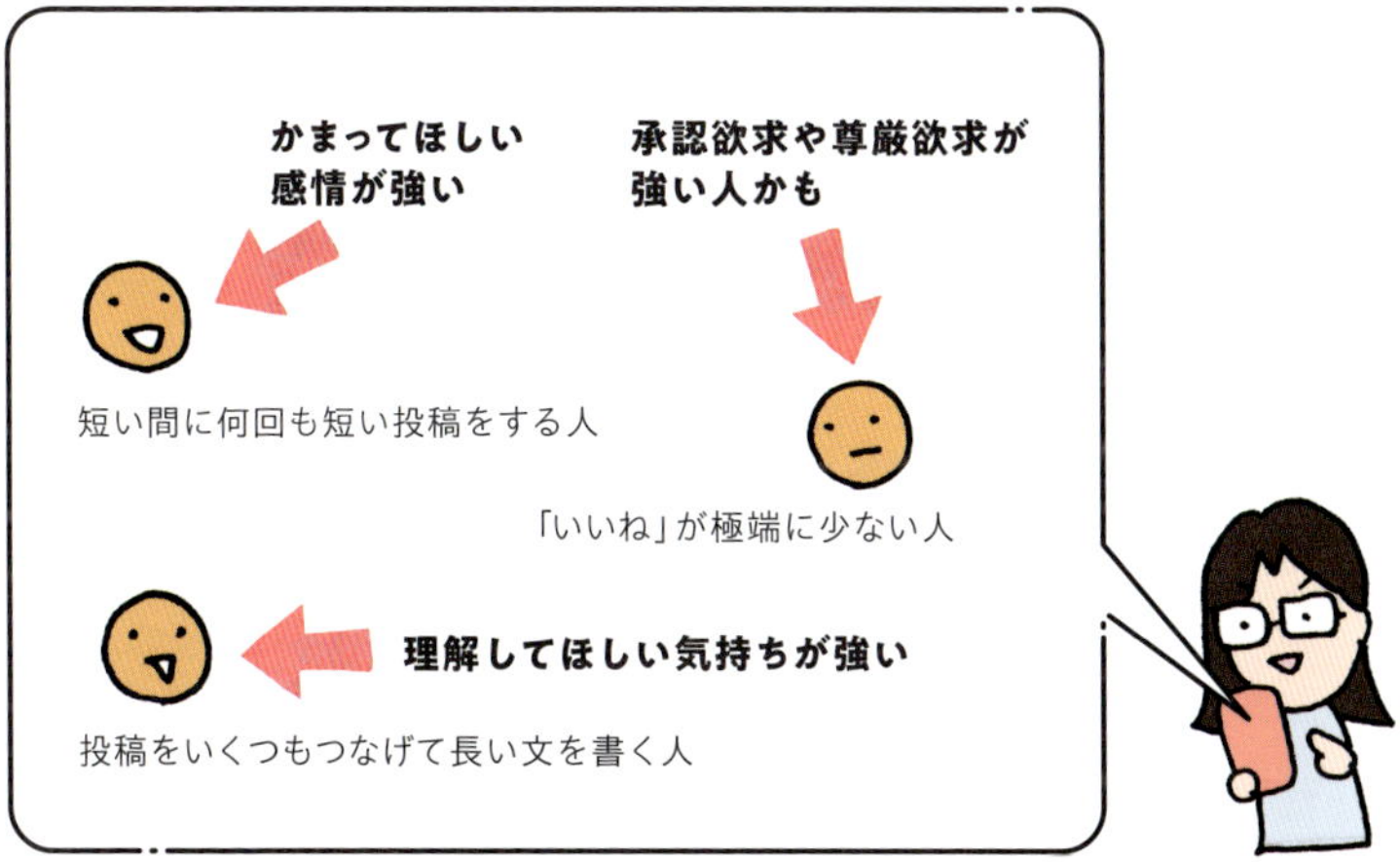
かまってほしい
感情が強い
短い間に何回も短い投稿をする人
承認欲求や尊厳欲求が
強い人かも
「いいね」が極端に少ない人
理解してほしい気持ちが強い
投稿をいくつもつなげて長い文を書く人

が多い人は外向的傾向があり、健全な人だと思います。

投稿数に反比例して極端に「いいね」が少ない人は承認欲求、尊厳欲求が高い人である可能性もあります（SNSをチェックしているだけの人を除く）。「そんなに簡単に共感したら、安く見られそう」と思っている人もいます。

◉ 文章の長さに注目

あれもこれもと伝えたい気持ちが前のめりになると人は文章が長くなる傾向があります。共感してもらいたい気持ちが強くなりすぎると、説明が長くなる傾向もあります。

文章を書きなれている人は無駄な修飾語を削ぎ落として、短くなる傾向があります。また共感を求めていない人、自信家の人も文章が短くなる傾向があります。

SNSからわかる性格傾向 ❷

◉ 投稿の内容

「フォロワーは数ではない」「今日は3人も離れていった」のようなフォロワーの数や行動（離れていくなど）に言及する人がいます。これを繰り返す人は逆にフォロワーの数にこだわっている人であり、フォロワーの数が自分のSNSの要素を決めると考えている人に見られる言動です。プライドが高い人といえるかもしれません。

「あ、これはこういう意味です」「誤字がありました」など、訂正をよくする人は基本的に誠実でまじめな人です。悪く見られることを恐れている人、神経質、繊細な人の可能性もあります。

投稿はなんとなくつぶやくものもありますが、多くは目的があります。**「誰に向けて書かれた」投稿なのかを見ると、その人の基本的な性質が見えてくることがあります。**

自分の気持ちを発散したいのか、人を喜ばせたいのか、ラーメンの写真でも本の感想でもどんな写真やコメントを使っているかより、その投稿が誰に向けて何をしたいのかという感情を読み取ると、サービス精神が強い人、自己満足を追求する人などが見えてきます。

◉ コメントの内容

人の投稿へのコメントや反応のしかたからも性格傾向が見えてきます。「すごいですよね」「かわいいー」など相手に共感しつつ、喜ばせようとするコメントをする人は、誠実で優しい人と推測されます。相手が喜ぶことをキャッチボー

SNSの投稿のクセから性格傾向をよむ②

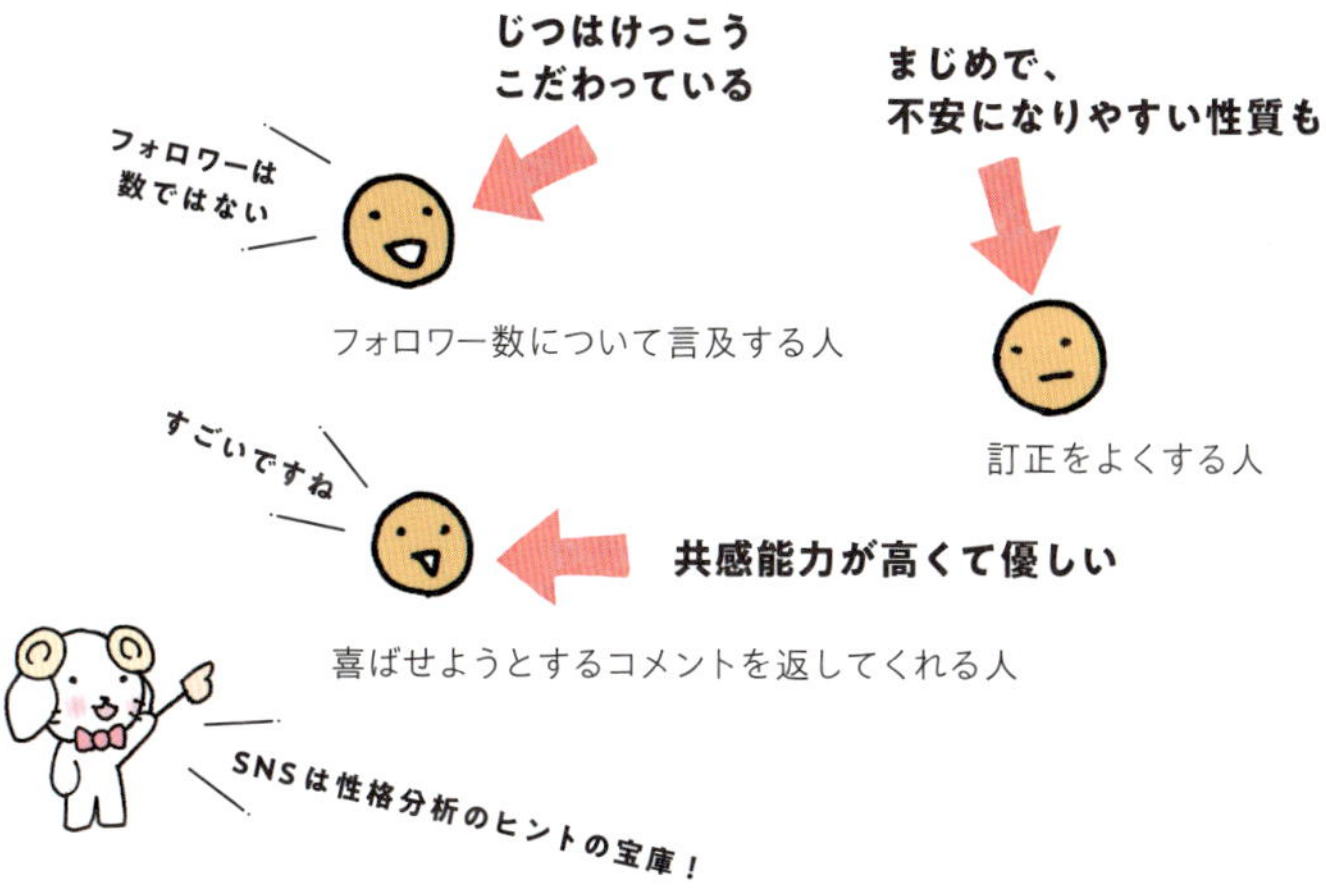
じつはけっこう
こだわっている
フォロワーは
数ではない
フォロワー数について言及する人
まじめで、
不安になりやすい性質も
訂正をよくする人
すごいですね
共感能力が高くて優しい
喜ばせようとするコメントを返してくれる人
SNSは性格分析のヒントの宝庫！

ルしようとしている人です。

もちろん、率直に驚いていることもあると思いますが、その視点で見ても自分の気持ちを素直に表現できる人だと考えられます。

「本当?」といったコメントには、大きく2つの反応の違いが見られます。それは驚いているニュアンスのものと、疑いからきているものです。前者は「すごいですね」と同じ意味合いで、フランクで親しみやすい人といえるかもしれません。後者のようなニュアンスなら、疑い深い性格といえるかもしれません。

「〇〇もいいですよ」と何かの報告に対して、別の提案をする人からは、競争心や嫉妬心が見えてきます。

SNSからわかる性格傾向❸

◉アイコンでわかる性格傾向

SNSではさまざまな種類のアイコンが見られます。自分の横顔写真、花の写真、キャラクターのイラストを使っている人もいます。アイコンも人それぞれで、自由に好きなものを使っていると思われていますが、じつは**そこには性格が投影されていたり、心のなかにある願望などが出ていることがあります。**

ポーポー・ポロダクションではX（旧ツイッター）をフォローしてくださっている方のアイコンを無作為に数百人分抽出し、使っている方の性格傾向とアイコンの関係を調べてみました。アイコンの立ち位置は、リアルで会ったときの服の色に似ています。「自分の好き」と「人の目」が混ざったものであり、そこに隠された心理を探っていきます。

◉アイコンの変化

継続的にアイコンの変化を調べていますが、そのなかで人物系のアイコンが増えたことに気が付きました。なかでも特に増えていたのが「人物系のイラスト」です。

本人と思われるものや、自分の憧れの姿と思われるイラストなどをアイコンにしている人が増えた印象です。自分で描いたり、フリーイラストを使用したり、誰かに描いてもらうといった選択肢がここ数年で増えたことが考えられます。

より強く「自分らしさ」「自分である必要性」、アイデンティティが出てきた印象です。

アイコンでよむ性格傾向

人物系アイコン（自撮り写真／横・斜め）

よく見られたい気持ち（悪く評価されたくない気持ち）が心の奥に眠っているかもしれません。不安がある人は顔が下を向きがちになります。

人物系アイコン（自撮り写真／顔正面）

外見をよく見られたいという気持ちよりも、「信頼してほしい」という気持ちが強く出ている人が多い印象です。自分のことを魅力的だと考えている人も多くいます。顔を出しているのですが、内面的な魅力をアピールしたいと考えている人もいます。

人物系のアイコン（顔や体の一部）

手、足、髪、目だけなど体の一部を出す人は、承認欲求の強さが垣間見えます。身バレしたくない気持ちと同時に、評価されたい気持ちが表れていると思います。

猫

動物のアイコンのなかでも特に多い印象の猫。自分の飼い猫のかわいさを見てほしい気持ちがある人もいると思いますが、人付き合いは苦手だけれど、どこかで人付き合いを求めている人、繊細な人もいる印象です。

ぬいぐるみ

誰かと一緒にいたいと感じる親和欲求の強い人、特に複数のぬいぐるみがあると、無意識に誰かと仲よくなりたい気持ちが強く出ていると思われます。

花のアップ

花にクローズアップした写真をアイコンにしている人は、争いを避けたい、優しい性格の人だと考えられます。

自然風景

人間関係から離れたい気持ちが強く出ると、風景のアイコンを使いたくなる気持ちが高まります。平和主義で人との争いを好まない人だと考えられます。

文字からわかる性格傾向

◉「回鍋肉」でわかる性格傾向

心理学では文字も行動のひとつとみます。ここでは文字のクセに隠された性格傾向を考えていきたいと思います。

たとえば「回鍋肉」という文字を書いてみてください。書き終わるまで、下部や左ページは見ないでくださいね。

肉と野菜のことなったうまみがつまっている回鍋肉のように、文字にはいろいろな性格傾向のうまみや特徴が出てきます。自分や周りの人の性格分析のヒントにしてみてください。

回鍋肉

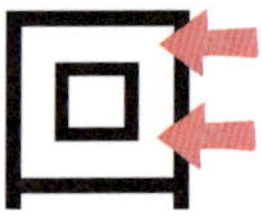

この間隔がまったく同じ人はまじめな人。下が広い人は調和的な性格。

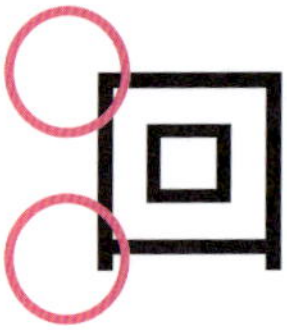

この部分がきちんと閉じられている人はまじめな人。空いている人は自由な人。

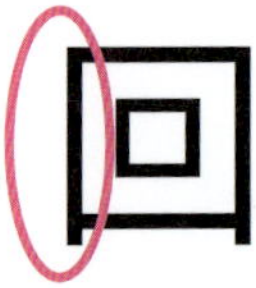

下のほうが狭くなる（細くなる）人は不安傾向が見られ、広がる人はおおらかな性格傾向。

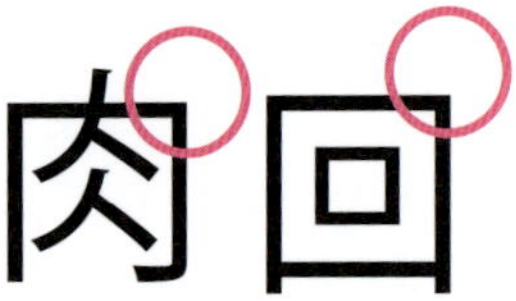

角が丸くなっている人は自由な発想、柔軟さが見られる。

文字の書き方のクセでよむ性格傾向

へんとつくりの間がある人は、包容力があり、外向的な性格が見られることも。狭い人はマイペースな性格。

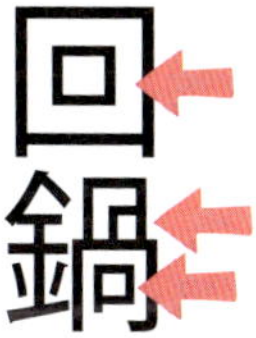

3つある「口」を崩して書く人は雑な性格傾向。きっちり角張って書く人は誠実な人。

はらいが大きい人は目立ちたがり屋、注目を浴びたい願望が隠れている。

はねが大きい人は責任感が強い人。評価されたいと考える人、好きな色でいうと「赤」や「濃いピンク」が好きな人。

文字から性格を推察する研究は、
研究によっては賛否あるので
参考程度に考えて

飛び出す先が長い人はリーダータイプ、「赤」が好きな人だと思われる。短い人は他人に気を配れる人。

Epilogue

みんな最後まで読んでくれてありがとう！

ここまで読んでくれたあなたは、2番目に好きな色のなかには自分でも気がつきにくい「願望」が入っていることや、「好きな色」とは違う「気になる色」にじつはとても意味があることがわかってくれたかなと思う。

そして、ついつい「生きる意味」なんてことを考えてしまう人には、小さなヒントになったのではないかなと思うんだ。生きる意味が「ある」「ない」というより、性格の違いや個性の違いによって「どう生きるか」を考えるのが大事だと思うんだ。

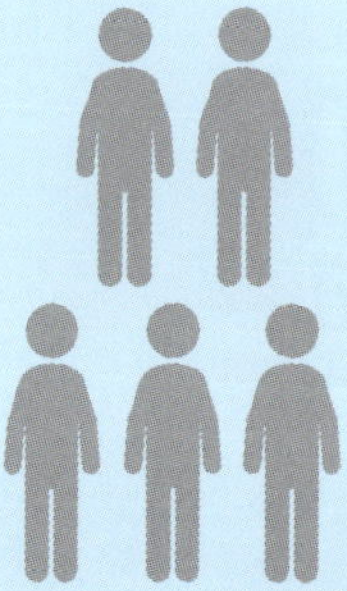

また「自分のことは自分が一番よくわかる」というのは幻想かもしれなくて、ときに人は「自分のこと」だからこそ、自分の内面を歪んで理解したり、本当の自分がどんな存在かを見失ってしまう。イロガミサマたちはいつもそういっているよ。

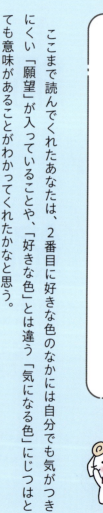

もし、色を通して自分の今を正しく理解できたり、過去のことを前向きな思い出に変えられたり、色鮮やかな未来をつくれたらきっとすてきなことだよね。

正しく自分のことを知って、色を上手に使っていければ、弱っていたあなたのなかの色神《しきがみ》たちも整って元気になっていく。色神が元気になれば、自分のやりたいこと、楽しいと感じること、好きなこともちゃんと見えてくる。

そして、色をもっと自由に使っていこう。

たとえば**橙**を使えば、もっと行動できるかもしれない。**薄いピンク**を使えば、争いから離れ人に優しい性格になるかもしれない。

「**緑**をうまく使えば、心の癒しにもなるドリ〜」

「**黄色**を使えば、未来に進む希望にもなり得るよ」

あ、ミドリガミサマとキガミサマが来てくださった！

「色っていうのは、ただの電磁波じゃないドリ、心そのものに影響を与える力がある。そう、まるで不思議な『運命の糸』ドリ」
「そうそう。運命の糸は人それぞれに色が違うんだ。自由な色の糸で未来の自分を引っ張ってくればいいんだよね」

もっと生きやすく、もっと楽しく生きていくためにも、人は色を使いこなしたほうがいいと思うんだ。きっと、この本との出会いがあなたのこれからの人生を変える。

何か迷ったとき、自分を知りたいときに、本棚から出してまた眺めてみてね。

「みんなの人生がうまくいくように、ボクたちがその一歩を見届けるドリ～」

「そうですわ、私が門出の歌を歌いますわー」

いつの間にかダイダイガミサマも他のイロガミサマもいらっしゃっている。

大丈夫、この本を読んだみんなにはイロガミサマたちとぼくがついているから。なりたい性格にもなれるし、色鮮やかな未来を引き寄せることもきっとできる。

大丈夫、あなたなら、きっとできるよ。

おわりに

好評をいただきました前作『色と性格の心理学』から、さらに研究や調査を進めその続編的な書籍を出すことができ、これも読者のみなさまのおかげだと感謝しております。本書ではわかりやすくするために、前作の診断色を分離したり、新しい診断色を加えたりしています。

そのため、前作では紹介できなかった色神があったり、名称を一部変更したりもしておりますが、再構築して新たな色神を紹介させていただくこともできました。

また、今回新しい取り組みとして、複数の色からよりくわしい性格を掘り起こしたり、気になる色から心の奥をのぞいたり、生きている意味を考えるのにも、色が使えないかと考えを巡らせました。

私たちは「たまたま」生きていることに理由をつけたがります。答えの出ない問題に向き合い続ける人生もつらくて苦しいと思います。

心理学はこうした苦しみを軽減する学問ではないでしょうか。

それなら、心理学を活用して私たちは生きやすい工夫をしていきましょう。

ポーポー・ポロダクションはそう思って日々活動しています。

色は雄弁に多くのことを語りかけてくれます。ポーポー・ポロダクションは心理研究をしているにもかかわらず、よく心が折れます。深く落ち込むこともあります。そんなときは色が語る話に耳を傾けます。

「橙」は元気になる話をしてくれます。「青」は心を落ちつかせる話をしてくれます。「紫」は不安な気持ちに寄り添ってくれます。みなさんも、色が語るこの話を必要としている人に伝えていってほしいと思います。人生とは人の「なかで」生きることだと思うのです。そして、そこで自分の色と相手の色が触れ合うことで、見つかるものもあると思います。

色には今の自分を変える力があります。そして、苦しんできた過去も変える力があるのです。当然、あなたの未来も明るい色に変えられます。いや、色をよみとき、色を使って明るく変えていきましょう。

ポーポー・ポロダクション

制作協力

（敬称略）

松下美穂

松本眞理子
（ゆしき）

横山恭代

吉倉光希

うずめ

えんじゅ

おしゃれのいろは

Kainosuke

かぴ

新井明日香

内山千春

宇野こゆき

柏原佳子

上條直美

沢谷有梨

反町良子

TAKIKAWA
MASAMI

中村純子

ぱぐ

Luna

ポーポー色彩研究会のみなさん

しろうさぎ

ちょのまま

tomo

なな

参考文献

『色の秘密』野村順一著（1994年／ネスコ、文藝春秋）

『好きな色嫌いな色の性格判断テスト　新装改訂』フェイバー・ビレン著　佐藤邦夫訳（2009年／青娥書房）

『逝きし世の面影』渡辺京二著（2005年／平凡社）

『自分を磨くための心理学』ポーポー・ポロダクション著（2010年／PHP研究所）

参考論文

色の好みとパーソナリティとの関係／色の感情的意味からの考察（2019）松田博子、名取和幸、破田野智美／日本色彩学会誌

皿色に占める青色の割合が心理的なおいしさに与える影響（2009年）川嶋比野、数野千恵子

Romantic Red: Red Enhances Men's Attraction to Women（2008年）Andrew J. Elliot and Daniela Niesta

Effects of team affiliation on color-valence associations（2023）Declan Forrester, Heather Winskel, Mitchell Longstaff

その他、最新の色の好みに関するデータを多くの色彩研究者の方からご提供をいただいております。

続々重版！

ポーポー・ポロダクションの
好評既刊書

色と性格の心理学

色の力を使って
自分を変える、人を見抜く
人を動かす方法！

決定版
色彩心理図鑑

この１冊で色彩心理学の
すべてがつかめる！

美しい彩りが伝わる
色ことば辞典

イラスト　今日マチ子
情景が目に浮かぶ、世界観が伝わる
心を揺さぶる表現力を高めるための
【色】のことば集。

ゼロからわかる
知らないと損する
行動経済学

読むだけでお金が増える
「経済学」×「心理学」のはなし。

ゼロからわかる
オンライン＆リアルの
トラブルを回避
人間関係の心理学

対面・リモート・SNSでも使える
「人間関係」×「心理学」のはなし。

著者

ポーポー・ポロダクション

「人の心を動かすようなおもしろくて楽しい良質なものを作ろう」をポリシーに、遊び心を込めた企画を考え、映画・ゲーム・アミューズメント・ファッション・スポーツなど多様な業種と関わりを持ちながら、書籍などを手がけている。色彩心理と認知心理を専門とし、心理学を活用した商品開発や企業のコンサルティングなども行なう。著書に、『マンガでわかる色のおもしろ心理学』『マンガでわかる人間関係の心理学』（以上SBクリエイティブ）、『色と性格の心理学』『決定版 色彩心理図鑑』『美しい彩りが伝わる 色ことば辞典』（以上日本文芸社）などがある。

ポーポー・ポロダクションのホームページ　http://paw-p.com/
X（旧ツイッター）アカウント　@pawpawporoduct

カバーデザイン：井上新八
本文デザイン：四方田　努_sakana studio
校正：有限会社玄冬書林

乱丁・落丁などの不良品、内容に関するお問い合わせは
小社ウェブサイトお問い合わせフォームまでお願いいたします。
ウェブサイト　https://www.nihonbungeisha.co.jp/

本当《ほんとう》の性格《せいかく》がわかる　未来《みらい》が変《か》わる
色《いろ》でよみとく心理学《しんりがく》

2024年10月1日　第1刷発行
2025年 3月1日　第2刷発行

著　者　　ポーポー・ポロダクション
発行者　　竹村 響
印刷所　　株式会社光邦
製本所　　株式会社光邦
発行所　　株式会社日本文芸社
〒100-0003
東京都千代田区一ツ橋1-1-1　パレスサイドビル8F

Printed in Japan　112240917-112250213 Ⓝ 02（310102）
ISBN978-4-537-22241-8
©PawPaw Poroduction 2024

法律で認められた場合を除いて、本書からの複写・転載（電子化を含む）は禁じられています。また、代行業者等の第三者による電子データ化および電子書籍化は、いかなる場合も認められていません。
（編集担当：前川）